中国·台州·路桥

美丽横街

鲍诗度 杨敏 宋树德 赵倩 著

国家农村综合改革标准化试点项目
浙江省小城镇环境综合整治样板镇

中国建筑工业出版社

国家农村综合改革标准化试点项目（2018.10）
浙江省小城镇环境综合整治样板镇（2017.01）

CONTENTS

大浙江 民国风 横街镇 … 06
小城镇建设的标准化 … 08
副省长点赞横街小城镇整治工作 … 11
规划先行 系统实施 … 12
民国文化的美丽演绎 … 13

01 第一篇 —— 历史人文篇　14
"横街"由来 … 16
凤凰山 —— 横街的象征 … 19
凤凰山上崇禄寺 … 22
千年古刹 —— 慈德寺 … 24
海神庙 … 26
千年古村落 —— 坦田古村 … 28
横街故事 —— 碉楼往事 … 32
横街市井 —— 牛市习俗 … 34
佛教熊猫 —— 国家一级保护文物贝叶经 … 36
清代贡品 台州"非遗"—— 拷绢 … 38
抗日名将 中华脊梁 —— 陈安宝将军 … 40

02 第二篇 —— 美丽蜕变篇　44
横街旧貌 … 46
横街新颜 … 48
不忘初心 改造为民 … 52
系统打造"EPC"建设 … 54
横街镇标准化项目建设与综合环境整治工程 … 57

目录

01. 特色风格构建	58
02. 建筑立面更新	62
03. 街道环境改造	78
04. 文化地标建设	82
05. 滨河环境整治	88
06. 景观节点打造	94
07. 公共设施完善	100
08. 城市家具设置	104

03

第三篇 —— 乡村振兴篇 … 108

04

第四篇 —— 主体产业篇 … 114

横街经济的缘起	116
2002年 —— 横街印刷工业园	118
浙江文武 —— 软包装彩印有限公司	120
欧路莎卫浴	124
绿田机械股份有限公司	130

05

第五篇 —— 展望 … 134

改造为民 同心协力	136
乡贤公益 助力横街	138
美丽横街 幸福生活	140
规划在手 未来更美好	142

后记 … 143

大浙江 民国风 横街镇

横街镇面积15平方公里,耕地1.27万亩,户籍人口约2.8万人。依傍着凤凰山优美的山光水色,横街镇物华天宝,人杰地灵。千年的历史长河,风云演变,横街镇的子孙见证了这里山水景色、建筑技艺、民间工艺的流变,同时也孕育了丰厚沉淀的文化底蕴。

小城镇建设的标准化

前记：

2018年5月17~19日，在中国国家标准化管理委员会原主任、中国标准化协会理事长纪正昆的带领下，中国标准化协会、中国建筑工业出版社、中央电视台发现之旅频道等一行考察组，在横街镇人民政府、东华大学环境艺术设计研究院的配合下，对横街镇在乡村振兴与小镇环境整治标准化建设方面进行了考察。并召开了小城镇标准化建设考察座谈会。中国标准化协会、中国建筑工业出版社、中央电视台发现之旅栏目、东华大学环境艺术设计研究院、横街镇人民政府主要领导出席了会议，各方主要代表都在会议上做了发言。

在会上，纪正昆理事长说道，我们在横街领导的带领下考察了路桥区横街镇的环境改造工程，在听完各位专家的座谈后，感悟颇多。无论何时，我们在思考问题时都要将事情上升到理性的层面，这将更利于我们今后的思考和改进。

首先，横街从开始整治到现今的总结阶段，取得了巨大的成果，具有深远的意义。虽然这个成果还处于初期阶段，但它为今后更加丰富的成果打下了坚实的基础。这个成果来之不易，它凝聚着我们政府各个部门的努力，凝聚着横街老百姓的心愿，同时也凝聚了东华大学环境艺术研究院和我们相关各个方面人员的心血。

其次，在现有的成果基础上，如果我们想要进一步的大力推进，那就要去总结经验。这里我概括总结了关于小城镇建设的十条经验和做法，在某种程度上它也是广义的标准化体现。

第一条　政府决策 统一组织实施

这其中最重要的一点就是——我们到这来是为了什么？我们要为老百姓做点什么事儿？正因为有了为老百姓做事的决心，才有了中央、省等等一系列部署文件的契合。由此可以看出，我们有十分强大的决心和自信。事实证明，我们也确实做到了，全程统一领导、统一规划、统一组织，各部门各司其职，很好地完成了各项工作，这是至关重要的。

第二条　设计规划为先导

为了横街总体的设计规划，鲍诗度院长和他的设计团队，前后一百多次来到横街。鲍院长以及他的团队多番前往的目的就是想为了老百姓、为基层乡镇做一件实实在在的事。正因为有了这样的目标，他们开始对横街制定切实可行的规划与设计，对各个方面都进行严格的统筹安排。最终选择了30多项系统化严格规划的项目，正是因为有了完整的设计规划，才有了横街现在的成果，因此有了设计规划作为先导与先行的重要性。

第三条　施工设计一体化

横街通过改造有了建设成果，通过总结归纳，成为一条成功的经验。在这当中，施工团队的选择对于整个项目的实施是至关重要的。首先，在施工的过程中，整个团队的协调性很强，能够更好地实现我们的规划和设计。其次，好的施工团队能够保证工程高质量地完成，高标准、高要求是一个工程深得人心的关键。

中国标准化协会理事长 中国国家标准化管理委员会原主任纪正昆理事长

第四条 协调矛盾 明确责任

相关部门要分工负责，实行责任制，明确责任，落实责任，落实到人。各个部门要协调配合，调节矛盾，相互支持。真正做到规划、设计、施工、管理各个系统环节落实到位，切实解决项目进程中遇到的各种问题与矛盾，实现良性循环。

第五条 发动群众 使百姓受益

立面改造不但美化了城镇整体空间环境，又对原有的房屋结构进行加固，使得安全性与实用性都有了较大的提升，每家每户都有了更好的居住空间。体现"以人为本"的重要指导思想，坚持以人民为中心。发动群众，使老百姓受益，只有实实在在为老百姓办事，才会得到老百姓的支持与拥护。

在实施的过程中要注重履行法律手续，签订协议。协议就是法律文书，它会明确政府与老百姓之间的法律关系，权利、责任、义务都必须要明确，这样才会更有利于实施操作。

第六条 加强管理 保持成果

工程建设好，成果要保持。首先，一定要加强维护管理，加强成果的持久性。其次，促进文明的养成。形成好的习惯养成，提升文明，才能加强老百姓保护成果的意识，同时也可以彰显小城镇的文化内涵。

第七条 总结经验 以点带面

我们经过两年的艰苦努力，取得了巨大的成果。我们要协调各个部门做好总结经验的工作。以点带面的总结宝贵经验，有利于下一阶段工作的完善，同时更有利于全国的村镇建设。我们要立足横街，展望我们全省，推向全国。经验的总结，不只是文字的记录，更应是实践的经验总结。各省市在借鉴经验时，应该因地制宜，根据实际情况来借鉴这些经验去实施建设。

第八条 积极宣传 扩大影响

要充分利用出版社、电视台的影响力,对横街进行积极宣传,扩大成果的影响力,有利于提升横街的知名度,完善我们取得的经验,加深横街的改造意义,由此也可推进全国小城镇的发展步伐。

第九条 推行标准化 提升水平

推行标准化,提升水平,这两点中既包含了广义也包括狭义。广义讲就是管理,这些经验都是管理的标准化,将经验进行推广,每道程序、每条经验都可以制定成管理标准,形成文字的管理标准,还可以形成产品标准。在当前经济新常态的形势下,我国需要把标准化工作放在更加突出的位置,形成新的竞争优势,促进经济高速增长。可以说,标准化工作已成为经济社会发展的必然选择、时代竞争的必然结果。

第十条 弘扬传统文化 传承文明

横街目前在这一方面还比较欠缺,但这恰恰是我们下一阶段需要着重思考的一点。文化传承对于一个地区的发展是至关重要的。对待文化元素,我们应当认真挖掘,积极传承,横街的竹藤工艺品是非物质文化遗产,应当依靠保护与传承来提高横街的文化知名度。在乡村振兴战略中应当重视传统文化,大力弘扬传统文化,提升我们物质文明和精神文明的建设。在将来的建设中,一定要重视传统文化的挖掘,推动产业发展,促进经济的繁荣,这是一个很重要的落脚点。

横街有几百家大中小企业,我们参观了两家具有代表性的企业。有家企业专门生产洗涤的高压清洗机,既是民用又是工业用,实用价值很高。企业投资了3000多万,有一个2000多平方米的实验室,产品行销各个国家,现在已经有了七八个亿的产值,后劲足,发展前景好。

横街的建设正是在认真贯彻落实党中央习近平新时代的思想,把乡村振兴战略这件事,实实在在地抓一抓,抓到手。需要抓到手、抓得好,才更加让老百姓对美好的生活充满期待。我相信横街镇一定会建设得更加美好,这也是我们最终的目标。

纪正昆理事长现场指导工作

副省长点赞横街小城镇整治工作

　　2018年3月13日上午,浙江省副省长陈伟俊一行来到横街调研指导小城镇环境综合整治工作。副市长张加波,市建设局局长、市整治办主任王加潮,区委副书记、区长叶帮锐等市区领导陪同调研。

　　他指出,小城镇环境整治工作,是"乡村振兴"战略的具体举措之一,是推进城镇美丽发展的关键要素,各部门要继续按照省委省政府整治要求,抓好落实。

　　他强调,横街镇成功创建省级样板镇,经验做法值得肯定、值得推广。如打造的海绵公园、沿河绿道、生态公厕等,彰显本地特色。

　　他要求,成绩固然可喜,但是小城镇环境综合整治形势依然严峻,要以更高标准、更严要求,持之以恒,高质量打造特色精品小镇。

副省长陈伟俊一行来横街调研指导小城镇环境综合整治工作

规划先行 系统实施

横街镇在落实"乡村振兴战略"中

重视产业振兴：

　　大力发展现代化农业，积极培育农村电子商务，努力新增一批特色民宿、精品农家乐。积极打造田园综合体，新增一批田园式生态公园和农村生态洗衣房，创建一批美丽乡村精品村、重点村。围绕工业强镇，把传统产业优化提升作为最大任务，紧盯卫浴、印刷、植保机械等重点领域，瞄准智能制造、新材料、新能源等战略性新兴产业，做好淘汰整合提升，最终目标是把产业发展落到促进农村增收上，推动乡村生活富裕。

推动人才振兴：

　　加大引才育才留才力度，通过小城镇环境综合整治，加快商业区块开发，加大基础设施投入，完善配套设施，健全人才激励机制和政策倾斜，对高层次人才、乡贤能人、科技创新型企业给予政策扶持和奖励，营造尊才爱才的良好氛围。

挖掘文化振兴：

　　注重乡村文化的引领作用，用活"礼堂文化"，推动单纯文化活动场所向综合精神家园华丽转身，丰富群众的文化精神生活。加快非遗展览馆等基础设施建设，深入实施农村文化礼堂、和合书院品质提升三年行动计划，推出一批文艺精品。

引领生态振兴：

　　借助城镇标准化改造美化人居环境，积极推进"多规合一"。做好城镇功能优化，进一步打造"一港一带四片区"战略格局的设计、控规优化等规划研究工作，持续推进小城镇改造、"四边三化"、美丽公路等工作。

巩固组织振兴：

　　打造"和合党建"、"H"形党建示范带，深化"一村一品"、"一企一特"等党建特色亮点。结合"党员微格＋全科网格"双格联动的党建模式，发挥党员模范服务作用，提升群众的获得感和幸福感。

　　下一步，横街镇将"产业兴旺、生态宜居、乡风文明、治理有效、生活富裕"作为当前建设目标，建设"宜居、创新、生态、智慧、海绵"的新横街。

横街镇党委副书记（主持党委全面工作） 王琪

民国文化的美丽演绎

将理想与现实相统一，用设计的核心思想贯穿始终。第一个是因地制宜，这是我们贯穿横街镇整体改造的一个核心思想。我们做设计都普遍存在一种理想性，就是追求尽善尽美。设计师本身也是艺术家，艺术家往往心中有自己的一个王国，有个理想境界，但是这种理想目标与现实的差距太大，甚至无法实现。所以要因地制宜，比如安宝广场所有的树木，我们保留并使用，只对树木位置进行一个合理调整。此外，横街镇的其他环境改造，包括道路改造、街道立面改造等，都是因地制宜。因地制宜就是在实际情况与理想状态中找到一个最佳的节点，既节约了成本，又呈现艺术美。

第二个是花小钱，办大事。横街镇的改造尽量节约成本。如安宝广场的改造，我们尽量在原有的基础上合理规划。广场道路不平就抹平；使用面积太小，就调整布局，扩容增大；环境颜色杂乱无章，就刷涂料统一；建筑外立面依据整体协调而改造；整体环境统一风格。横街镇将近40个项目，现在还在增加，整治项目多，整治范围广、面积大。少花钱，多办事，需要有强烈节约的意识。总之，横街是改造，不是重建。就是在去其糟粕，留其精华。从整体上理顺环境关系，进行"微创整形"，横街镇整体环境与空间都要和谐统一，风格特色凸显，成为美丽的宜居之地。

作为省级样板镇，"横街模式"具有推广价值。横街镇的成功改造对中国小城镇的发展有一定借鉴作用。整个横街镇的设计和建设贯穿一个基本理念就是系统设计，系统设计将多个专业合在一起，它包括规划、建筑、景观、标识、市政等。

我把横街镇作为一个整体系统来看待，系统设计必须要有整体性。系统设计必须做到整体设计，什么叫整体？就是环境看成一个整体。还有考虑两个方面，一是从各个层面上考虑政府经济预算；二是老百姓是否能参与到改造整治中。所以系统设计在实际中需要综合性的管理，即系统设计和综合管理，两者相叠加。比如说我们在设计过程一定要因地制宜，怎么因地制宜？因地制宜涉及费用投入，也涉及老百姓参与，还涉及其他具体问题，需进行细致对待。这个对待的过程其实就是管理过程，就是项目管理。所以概括下来，系统设计加综合管理，才能使小城镇宜居、宜业。一句话，为老百姓过上一个好的舒适的生活，提供一个美好的环境。

鲍诗度

东华大学教授
博士生导师
东华大学环境艺术设计研究院院长

第一篇

Chapter One
History & Humanity

历史人文篇

横街的魅力,首先在于它积淀深厚的历史文化。一千多年前,这里的大部分土地,还是东海的滩涂,只有横街山、九郎山、洋屿山等矗立在海岸,见证了当年的惊涛骇浪。

横街山南的天赐湖,曾经是繁忙的港湾,船舶残桅遗留至今。大海无情,人有情。唐宋年间,人们在横街山、九郎山,陆续建起了慈德寺(唐代古寺)、崇禄寺、海神庙,用千年不绝的香火和代代相传的佛家至宝"贝叶经",祈祷着生活的富足与安宁。历史上的横街饱经忧患。中国十大古典名谣之一的《树旗谣》最早就在这里开始传唱。1348年,农民起义领袖方国珍从洋屿山出海,树起了反抗元朝暴政的大旗。在坦田村明清古建筑群中,坚固的碉楼、高大的石基院墙,是当年抗击倭患匪乱的军事设施的残存。现在的镇里,还有千年古街的遗迹。

"横街"由来

1958年，国务院颁给浙江省黄岩县新桥人民公社横街抽水机站的奖状。

横街由来

根据万历《黄岩新志民国志》记载，横街山原名叫黄街山，在县城东南45里处，所以此镇也是以山得名，应叫作"黄街"。但是，当地人发音"陈郑不分、黄横同口"，"黄街"说着说着就变成了"横街"。这便是横街一名的由来。

1. 横街绘画作品
2. 嘉定赤城志图（图片来源：选自《台州丛书乙集》）

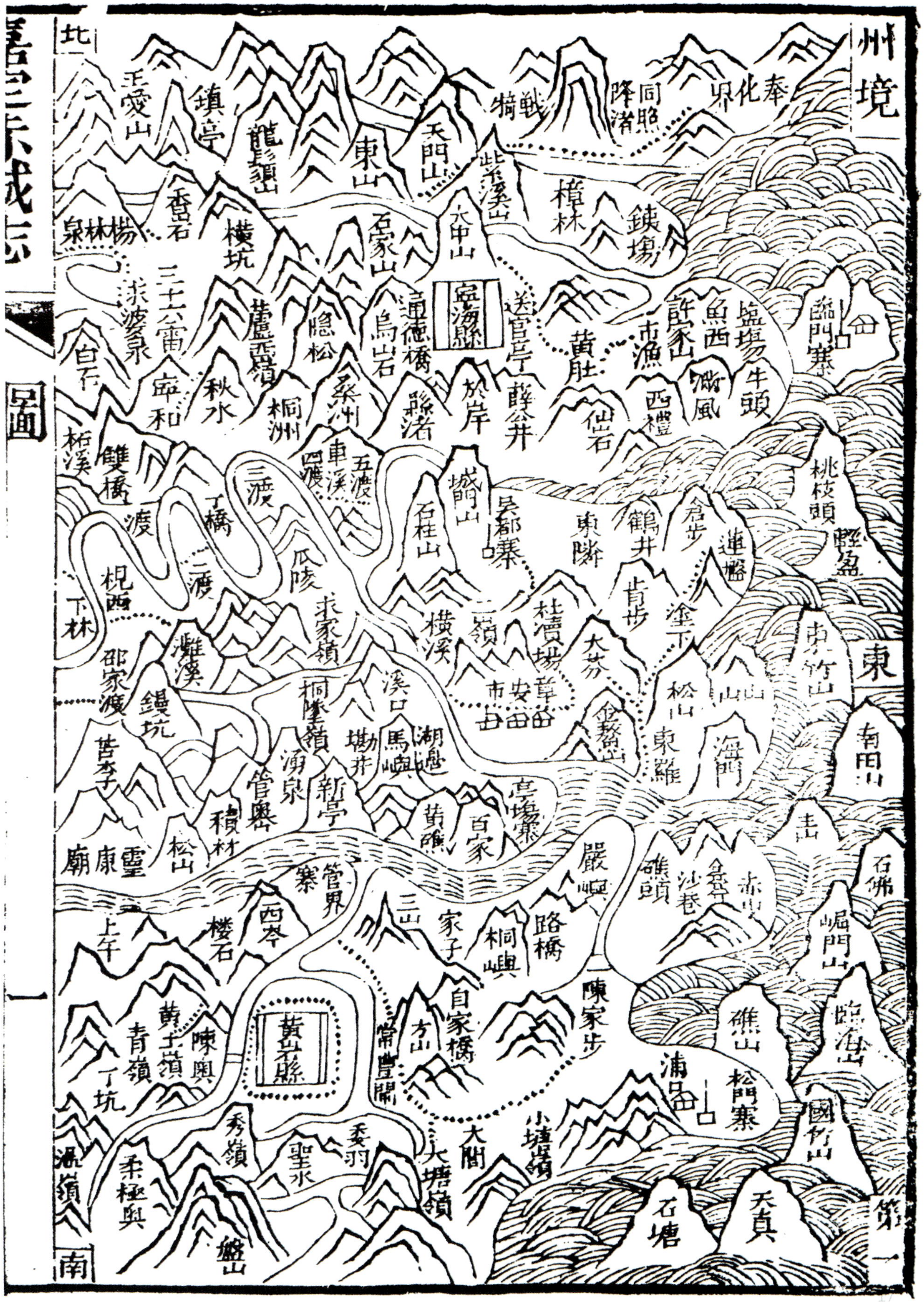

上海古籍出版社出版，本书汇集宋至清代台州人之遗著，为清代全国最早的地方性丛书，编辑者是清代礼学家、藏书家宋世荦。全书编辑保存了富有学术价值的台州乡邦文献，弥补了部分地方史料的不足。

凤凰山 —— 横街的象征

自古以来,凤凰是吉祥、富贵的象征,且"非梧桐而不栖",既然在此落脚,此地势必是富贵吉祥之地。此山名字的来历,还有个传说。相传远古时代,横街还是一片汪洋大海。大约在隋唐时期,横街地区才形成海滩,属蛮荒之地,生活在这里的人们大多是流浪者和逃亡者。由于生存环境恶劣,百姓们的生活条件都很艰苦,民不聊生,而当时的地方官只知搜刮民脂民膏、自己享乐,哪里顾得百姓死活,加上此地地处边陲,不受统治者重视,所以横街百姓一直生活在贫穷困苦之中。忽有一天,太阳从东海海平线升起,照得天空异常明亮,云朵也缤纷美丽,直向横街飘来,最后竟停在了横街上空。后来太阳落山,天色暗了,云朵还在幽幽发光。

第二天清晨,一个老渔翁发现,发亮的云朵下的海滩上立着一只绚烂五彩的凤凰。这凤凰不吃不喝也不睡觉,甚至也不怕人们的观望,有人伸手摸它,它也表现得很温顺,横街的百姓都很欢喜。说来也怪,自从这只彩凤来到后,横街年年风调雨顺、五谷丰登、六畜兴旺、人丁康泰、街市繁荣,到处都是一派欣欣向荣、生机勃勃的景象。

1. 凤凰山
2. 崇禄寺航拍实景图

1. 凤凰山公园
2~5. 凤凰山公园内景

人们都觉得是彩凤带来的好兆头,越发喜欢它,都叫它"金凤凰"。后来,远方来了个风水先生,此人到处搜集奇珍异宝,但为人狡诈。一到横街,他就发现了金凤凰,并认定这是一只吉祥鸟,凤凰蛋更是难得一见的宝物,便上前假惺惺地哀求:"金凤凰,给我下个蛋作个纪念吧。"如果下个蛋给风水先生,就等于把横街的好风水分了一半给他,金凤凰当然不肯。风水先生怀恨在心,"那我就让你活不成,我还要把横街的风水全部破坏掉。"一个夜晚,他把一根五寸铁钉刺入了金凤凰的头顶,金凤凰就这么死去了。第二天,人们发现凤凰站立的地方冒出了一座小山包,并且还在不断长高、变大,这就是横街山。后来,为了纪念这只金凤凰,人们就把横街山改名为凤凰山,并沿用至今。

今天的凤凰山是横街人民休闲娱乐场所之一,凤凰山延阶而上,陡而葱笼。沿阶的草木茂盛,间而交织在石阶的上方,显得幽静而闲逸。与山下的闹市相比之中,显得这处清幽更难能可贵。

凤凰山上崇禄寺

　　路桥区横街镇崇禄寺，原名善法堂。创于北宋年间，即1028年，距今九百多年，历史悠久。据《东海志》记载，善法堂地址在凤凰山顶，曾住有一百多位僧人，由仁和法师主持。殿堂建筑完整，规模初具，并于东首建造七级浮屠，壮观耸汉，远近信众上山烧香燃烛，顶礼膜拜，兴旺不绝。直至清道光年间，主持法师消失，香火渐减。原有建筑久经风雨侵蚀，渐成破落。在1953年，因国防需用，拆除寺院全部房屋，改建军用基地，十一届三中全会后，落实宗教政策，将原名善法堂更名为崇禄寺，主持良彬法师等筹集资金，选址横街凤凰山修复重建寺院，保护文物。现建有大雄宝殿、观音殿、天王殿、三圣殿、济公殿、五保庙、地藏殿、斋房、厢房等。主要殿堂面积925平方米、附属房屋面积460平方米。1994年由市政府批准为宗教活动场所。

1. 崇禄寺远景
2～6. 崇禄寺局部图

千年古刹 —— 慈德寺

横街慈德寺

　　唐代古刹慈德寺位于下陶村,历史悠久,经历了千年兴废。始建于唐中和二年,原名善德寺,宋治平三年改为慈德寺,1986年重建殿宇十三间。寺内的石亭在光绪年间重修过,现保存完好无缺,具有较高的历史研究价值。

海神庙

　　海神庙位于横街镇山后潘村凤凰山东北角，亦称树下庙。海神庙跟滨海的讨海人信仰有关。始建年代不详。两厢于清乾隆二十二年（1758年）扩建，大殿曾于嘉庆元年（1796年）重修。坐东朝西，二进。大殿三间，通面宽10.8米，通进深5.2米，硬山顶，抬梁四合院式木石结构。建筑面积166.6平方米。柱凿纵槽，紧嵌石板为壁，四周不设木料，具有沿海防潮建筑之特色，是讨海（浅涂捕捞）渔民小憩之所，人称下海殿。内存乾隆二十二年（1757年）"砌路碑"一通，载民众助银为沿海造路事。内塑夏禹像。

1. 海神庙石碑
2. 海神庙功德碑
3. 海神庙一角

千年古村落 —— 坦田古村

　　坐落在路桥区横街镇坦田村,该村的陈氏是大宗族。自宋、元时期,始祖陈司聪自仙居迁至该地,因该地"左控凤山,右襟龙浦而洋屿乃坐镇之山",于是手植杏树于田,因名其地为"杏田"。村内留有明清古建筑群20余亩,其中最具代表性的是"杏田陈氏"合院和三座碉楼。杏田陈氏古村落有着700余年的历史,古村落里有着浓郁的文化内涵,处处渗透着儒风雅致的文化气息。这里蕴含着丰富的历史价值和人文信息,犹如一处独特的露天古建筑博物馆。以方井设计的庭院天井,蕴含着中国古代"天圆地方"的宇宙观,融汇着东方哲学与智慧的创意。

1. 杏田古村第二十一世孙和他的家人
2~6. 四合楼

30 | 美丽横街 |

横街故事 —— 碉楼往事

碉楼独特的设计在特定的年代有着防御和反击外敌的功能。据《杏田陈氏家谱》记载——同治换年号后,台州沿海地区的大土匪徐大度乘机作乱,囤储盐粮,经常用马鞭抽打同族,欺行霸市。时任台州知府刘璈派出军队联合陈震辉倡办的团练局,利用杏田陈氏村落的碉楼屯兵安寨、修筑阵营,在一天夜里率兵以犁耕之势直捣匪寨,土匪被全部剿灭,匪首徐大度被活捉问斩。

横街市井 —— 牛市习俗

　　台州和温州地处亚热带，三面环山，一面濒海。绝佳的地理环境，也因此孕育出了好牛种。台州地区耕牛深受各地欢迎。春耕开始，南北的牛耕季节相差近一个月，而牛市的兴起为本地的耕牛调剂和南牛北上提供了良好的平台。路桥横街的牛市在清朝乾隆年间初具雏形，发展到民国期间已是闻名于全省，兴旺时年交易量达 6000 头。

　　牛场的开市，一般选在正月十四，而开市前则是牛场主和"牛行贩"较为忙碌和热闹的日子。他们会做些馒头、方糕，然后在上面盖喜字红印，送给这一天前来赶牛市的客户。同时，还要供当地的土地公，贡品是鱼、肉、豆腐点心。当天晚上，他们还要设粗八碗会宴。

　　民间四月八日是牛的生日，这一天养牛户和"牛行贩"等人都要烹饪好肉肴到桂树庙等地祭祀四宝老爷。传说四宝老爷是桂树庙张大帝的第四子，样子凶神恶煞，被奉为牛神，每逢四月八日牛生日都要以肉肴供之。

1. 牛市绘卷

此外，在牛生日这天街市上有卖乌饭麻糍，这是一种用乌饭树脑和糯米做成的蓝黑色食品。乌饭麻糍也可用来喂牛，据说牛吃了，牛虻就不叮了。同时，这一天还要在牛栏前挂一把稻草扎成的稻秆刷，据说是牛的蚊帐，可用来避蚊子。每头牛在牛场里的牛市上成交后要付过堂税，收讫后由场主发给税票，并在牛角上涂上红漆。民国晚期，过堂税和牛行贩佣金一般为牛价的十分之一。牛场的兴盛带动了"牛行贩"的发展，这些牛行贩能识别牛的优劣，熟悉牛市场的切口手势，深谙牛市行情，了解牛病的医疗知识。

佛教熊猫 —— 国家一级保护文物贝叶经

　　《贝叶经》发源于印度，有2500多年的历史，古印度人采集贝多罗树的叶子，用来书写佛教经文。《贝叶经》多为佛教经典，还有一部分为古印度梵文文献，用"斋杂"和"瓦都"两种文字书写、针刺制作而成，具有极高的文物价值，是研究古代语言文字、佛教文化、宗教艺术等的重要原始资料。

　　在明清时期，杏田陈氏古村落曾建有占地十余亩的拷绢工场。当时，该村落制作的拷绢远销中国香港、中国台湾以及日本、东南亚等国家和地区，享有很好的商誉。值得一提的是，东南亚客商、官员曾将皇家寺院珍藏的佛家圣物《贝叶经》赠送给杏田陈氏家族作为纪念。至今还保存的《贝叶经》，乃是国家一级文物、世界非物质文化遗产。

《贝叶经》记载了佛陀所传正法，是佛教现存藏经中最珍贵的法宝，也是研究古代东方哲学、艺术、历史的珍贵史料。在印度，早期的《贝叶经》写本几乎已失传。在中国同样已相当稀少。玄奘从印度取回的657卷《贝叶经》，珍藏于大慈恩寺藏经楼及地宫。历代方丈僧人将其视为稀世珍宝严加看管。然而1300多年的历史沧桑，使这些历史珍宝散落遗失，存世无几。这些稀世珍品全部来自"杏田陈氏"家属世传珍藏。他们多少年来，历经曲折，千辛万苦，苦心保存。

清代贡品 台州"非遗"——拷绢

有800年历史的路桥拷绢,有过众多辉煌,曾经作为清代贡品朝贡,日本友人曾用当地的名人书画换取拷绢。数年前,路桥拷绢荣登中国丝绸博物馆。被列为台州"非遗"。

织绢、拷绢生产历史悠久,是我国传统手工技艺的典型代表之一。清中期、民国和新中国成立后,路桥的横街、洋屿、中庄、向西陈、下梁、新桥一带是织绢和拷绢最发达的地区。其产品质硬挺刮,不沾汗,透风凉爽,牢固耐穿,适合制作夏装,曾受到皇帝的青睐。人们先经调丝、织绢等工序制成白绢,然后送往拷场进行拷染。它的整个生产工序繁杂,其中拷染是拷绢工艺的关键。

拷绢传人罗华荣

罗华荣，拷绢第八代传人，2009年上半年，基于在路桥区非物质文化遗产普查中的贡献，获浙江省非物质文化遗产普查先进工作者称号，同年被命名为浙江省非物质文化遗产代表性传承人。

年少志大，有事则成。他家世代从事丝绢、拷绢行业。4岁丧父，自小帮母亲纺丝织绢。少年时弃学从商，成为全家的顶梁柱。洋屿、中庄、坦田一带，自清朝道光年始，家家户户织绢，后扩展到开设染坊、拷场，生产拷绢。罗华荣从小耳濡目染，懂得缫丝、织绢的窍门，熟悉养蚕缫丝的常识，摸透茧行、丝行的行规。做好丝生意，无外乎要懂得辨丝及了解丝的行情。通过长时间的积累，罗华荣于20世纪60年代开设拷场，生产拷绢，并逐渐掌握了一整套从染绢、软化、煎熬、绷晒到上光的手工技艺。掌握技艺，不仅要有悟性，还需要长期实践并加以改进、提高。如何将白绢进行染兰底的全过程，最难是管缸水技术，全凭操作经验以及眼看、鼻嗅中得来。那个时候，不用仪表，又无试验纸，既不可言语，更难形诸笔墨，唯有"熟能生巧"，才使得一方技艺得以流传。

罗华荣不仅有精明的生意眼光，还具有耳听八方的敏锐感觉，并时刻讲究诚信。他的生意越做越红火，拷绢销售至台州各县市，温州柳市、乐清、虹桥和沈家门等地。四十多年来，面临市场的变换、经营的惨淡，他依然将这门技艺传了下来。

岁月流逝，时代变迁，新问题层出不穷，产业萎缩、后继乏人、濒临失传的危难境况逐一显现。非物质文化遗产保护，旨在应对现代经济社会发展对民族文化遗产冲击的挑战，力求维系中华民族传统文化的珍贵记忆。2007年非物质文化遗产普查中，挖掘了拷绢这一项目，而拷绢传承人罗华荣毫无保留地将这一传统技艺公之于众，并积极与中国丝绸博物馆专家联系，商讨在如何利用拷绢制作技艺的基础上，开发新产品，重新打开国内外市场。

1~4. 拷绢传承人罗华荣
5~6. 拷绢原料及成品

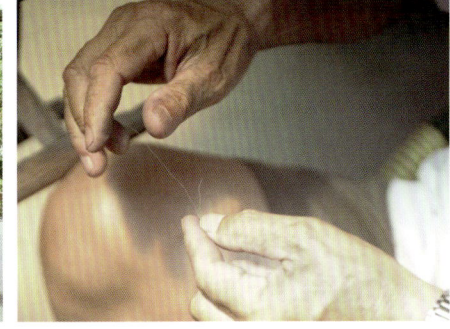

抗日名将 中华脊梁 —— 陈安宝将军

陈安宝，字善夫，国民革命军第二十九军中将军长，追赠上将，著名抗日爱国将领。1891年出生于浙江省台州市路桥区（原属黄岩县）横街镇马院村，幼年时家境贫苦，聪明颖慧，勤奋好学。辛亥革命爆发后，将军深感国家孱弱，决心从军报国，考入保定陆军军官学校第三期。

1916年，将军从军校毕业后回浙江，在浙军第二师开始了戎马生涯。1926年参加北伐军，历任连营团旅师长，身经数十战，所战皆捷。1936年12月，奉令警备潼关。

1937年抗战军兴，将军南调淞沪，星夜疾挡，阻击杭州湾登陆之敌，分兵坚守十数日，迭挫凶锋。旋又奉命深入杭嘉湖沦陷区，突入敌后，奠定浙北游击基础。1938年，日军发动武汉会战，将军以二十九军军长之职，驰赴南浔线，与敌苦战数旬，屡歼顽敌，有力保障"万家岭大捷"，立功卓著。

1939年春，南昌沦陷。将军率劲旅急趋东乡，挥军进贤。5月6日，夜渡抚河，冲破敌围，向南昌城挺进。敌仓皇应战，集空军、装甲及生化部队疯狂反扑，将军在激烈炮火中，率随从官兵，亲临前线督战，与敌格斗。17时，不幸于莲塘田塍中弹，壮烈殉国。

将军牺牲后，国民政府予以褒扬，追赠陆军上将，入国家忠烈祠，以国葬礼，还厝家乡。1940年8月，中国共产党在延安公祭抗日民族英雄张自忠、陈安宝、郑作民、钟毅诸将军，毛泽东、朱德、周恩来等领导人亲自题写挽词，并致家属唁电。

陈安宝将军是中国人民抗日战争进入相持阶段牺牲的第一位军长，也是浙江省在抗战时期为国捐躯的最高军衔将领，1983年，浙江省人民政府授予将军革命烈士称号。

1995年3月，陈安宝将军墓与烈士陵园落成，原中央军委副主席、国防部长迟浩田上将为陈安宝烈士题写墓碑，张爱萍上将题写陵园名。迟将军曾说："我从小就受张自忠、陈安宝将军事迹教育，党中央、毛主席还有朱总司令、周恩来都给他们以高度评价……纪念抗日战争，我们不但要纪念共产党、八路军、新四军的抗日英雄，同样也要纪念国民党军队的抗日英雄烈士。"陈安宝纪念馆建成时，已经85岁高龄的迟浩田闻之，再次欣然题写馆名。

1983年，中华人民共和国民政部授予陈安宝将军革命烈士称号。2014年，陈安宝将军被列入国家第一批著名抗日英烈。

陈安宝将军是中国人民抗日战争进入相持阶段牺牲的第一位军长，也是浙江省在抗战时期为国捐躯的最高军衔将领。

陈安宝故居

位于台州路桥横街镇一座卫生院的北面,房屋有三层,黑瓦白墙。陈安宝牺牲后,家人用政府发放的抚恤金进行了修建。如今,陈安宝的家人仍住在这里。

几十年过去了,这里仍保存得很好。在一楼,一面屏风上书有"善夫堂"三字(陈安宝,字善夫),下挂将军的照片,在两侧的墙上陈列着陈安宝生平事迹图片。二楼中堂悬挂"善卢"匾额,走廊廊沿挂"陈安宝故居"匾额。

陈安宝的女儿曾经受访说道:"我父亲小的时候,家里穷,没有钱上学。当时本地'作新小学'的校长看父亲聪明,准他免费上学。这段经历让父亲明白一个道理,要想国家富强,不受外敌欺辱,必须要先启发民智,所以父亲一直非常重视教育。抗战时期,父亲得知'作新小学'因房屋破损陈旧无钱修理,面临停学。他立刻寄钱到家乡,叫校长重新选址,建造新的'作新小学'。新校舍建在洋屿街边,崭新的小洋房式,是当时当地最好的建筑,周边的群众为之骄傲。家乡的民众十分感谢父亲的义举,就把作新小学命名为'安宝小学'。在重新翻修了父亲的故居后,我在这里开办了幼儿园,到现在已经整整15年了,我想这也是继承父亲的遗志吧。"

1. 陈安宝将军像
2. 陈安宝故居

陈安宝纪念馆

陈安宝纪念馆坐落于台州市路桥区横街镇安宝广场内，2014年9月3日开馆，由原中央军委副主席、国防部长迟浩田上将题写馆名。纪念馆与安宝广场、陈安宝烈士陵园、陈安宝故居构成有机整体，被列为浙江省爱国主义教育基地。

纪念馆展览面积600平方米，分为序厅、展厅和纪念厅三部分，以陈安宝将军的人生历程为主轴，通过现代化的展览方式与丰富的历史资料及实物，分版块展示将军波澜壮阔的一生，表现其崇高的民族气节与"爱国、智勇、廉孝、坚毅"的核心精神，激发瞻仰者的爱国热情，教育青少年树立正确的人生观。

陈安宝烈士陵园

　　陈安宝烈士陵园位于路桥区横街镇凤凰山，建于1995年8月，总占地面积2800平方米，由烈士墓、碑、塑像、建筑装饰物、陈列室、接待室等部分组成，几经修缮。陈列室内有陈安宝生平事迹介绍和世界反法西斯、中国抗日战争珍贵图片，还展有部分烈士遗物。1998年被列为区级重点文物保护单位，2005年被台州市委、市政府命名为第四批市级爱国主义教育基地。

1	3
2	4

1. 陈安宝纪念馆
2. 馆内展品
3、4. 陈安宝烈士陵园

第二篇

Chapter Two
Beautiful Transformation

美丽蜕变篇

本章解读了整个横街镇环境综合整治核心思想，概述横街镇采用创新小镇"EPC"建设模式，并以落地建成的具体项目来展现横街镇环境整治的成功面貌，反映横街镇人民政府以人为本、执政为民的基本思想，进行小城镇建设，在实现小康社会向富裕社会转变过程中，以标准化建设小镇，实现乡村振兴，造福一方。

横街旧貌

"脏""乱""差"

横街镇的问题
也是中国小城镇普遍存在的问题

> 政策问题：过去的小城镇建设缺少品质建设的政策指引、政策支持
> 理念问题：过去自上而下对小城镇规划建设的意识不足、理念落后
> 模式问题：改革开放四十年粗放式建设模式

中国迈入新时代
高质量的发展必定给小城镇建设创建更多的
新机遇！新理念！新模式！

```
 _____
|    | 2 3 |
|    |  4  |
| 1  |  6  |
|    | 5 6 |
|    | 7 8 |
 _____
```

1. 改造前中心河两岸
2. 改造前新兴路桥
3、4. 改造前中心河沿岸步道
5. 改造前新兴路
6. 改造前菜场
7. 改造前镇政府
8. 改造前新兴路牌楼入口

横街新颜

在新一轮发展中，横街坚持绿色理念，聚焦全域美丽，着力形成镇村新格局，努力打造城景一体、产城融合、山水互动、宜居宜业的智慧城镇。横街，正以前所未有的幸福姿态，闪耀在中国的黄金海岸。

新兴路育才路

规划引领
系统建设
以人为本
模式创新

构建宜居、绿色、生态、海绵、智慧的魅力小城镇

近年来，横街更以"宜居、绿色、生态、海绵、智慧"为目标，通过小城镇综合治理，致力于打造工业智造强镇、生态人文古镇、美丽乡村名镇。

漫步横街，能感受到时尚和怀旧气息的水乳交融。白墙黛瓦的传统建筑和逶迤的西式长廊、石库门等和谐统一、相映成趣；融入海绵城市理念，结合小型湿地的安宝公园风情独特。横街已形成了民国建筑风格为主体，凸显抗日英雄故乡文化的现代化小城镇。

旧貌换新颜对策

- 环境美丽
  和谐宜居

- 特色鲜明
  文化彰显

- 设施完善
  生活舒适

- 产业创新
  持续发展

- 规范管理
  长效机制

不忘初心 改造为民

彰显民国风貌 创建魅力小镇

横街不是一条街,而是台州市路桥区的一个镇。横街的历史还是挺久远的。九郎山脚的慈德寺,据说是唐代古刹。元朝末年,农民起义领袖方国珍就在这一带活动。现在的镇里,还有千年古街的遗迹。横街是抗日名将陈安宝的故乡。

改革开放后,横街靠印刷起家,成为了远近闻名的"印刷之乡"、经济强镇。这30多年来,横街镇发展迅速,但是,与国内许许多多小镇一样,千人一面,没有特色,没有个性,没有亮点,环境秩序混乱、交通堵塞,新建筑缺少文化内涵,在规划、人居环境等方面存在着诸多问题。

为了抓好小城镇整治工作,建设美丽横街,我们进行了深入的调研,发现横街的建筑风貌部分还保持着民国风格。如果以这一建筑风格来统一小镇环境,就能让整个横街显现出厚重的历史感和文化底蕴,同时让陈安宝的抗日精神内化为我们横街人民继续前行、大步跨越发展的动力。规划提出后,大家都觉得非常可行。因此,在这一次小城镇整治中,我们立足既有建筑,提取文化元素,融入现代理念,运用新型材料,以沿街立面更新为主体,以城镇入口牌楼建设为亮点,还原民国建筑特色。使横街镇既凸显抗日英雄故乡的文化个性,又体现当地人民不畏强暴的台州硬气。

工业是新横街的立镇之本。在环境整治中,我们坚持以工业旅游为引导,产城结合,突出城镇建设中的产业风貌,尤其突出以生态环境、智能厕所为体现点的智慧城镇特色。

我们的特色小镇发展策略是"宜居、绿色、生态、海绵、智慧"。通过城镇环境微创手术,减少对居民生活的影响,提高城镇品质,创建魅力小镇。横街的规划故事还刚开了个头,精彩将会在今后的整治过程中不断呈现。

横街镇党委副书记 镇长 王江

横街镇规划平面图

系统打造"EPC"建设

将规划与设计完整呈现

小城镇创新 EPC 模式是东华大学环境艺术设计研究院、上海柒合环境艺术设计有限公司、上海柒合城市家具发展有限公司的第一次创新尝试，创新体现在小镇环境综合整治 EPC 模式与系统设计的结合方面。EPC 是工程总承包模式的一种，即设计采购施工总承包。

横街镇的创新 EPC 模式与传统的项目模式有很多不同。传统的项目模式是设计、施工相分离，设计单位只负责设计，施工单位只负责施工。EPC 模式是由我们代表的设计方牵头，组织、引导、带领施工单位共同完成任务。传统模式下不仅设计、施工分离，对应的责任也分离。EPC 模式下，设计方作为总牵头方，施工环节出问题，第一追究人就是设计方。因此，设计方相比以前权利变大的同时责任也变大了，责任和义务是对应的。

小城镇建设采用 EPC 模式与传统的项目模式相对有很大优势，具有"短、平、快"特点。EPC 是多个项目在一起，同时进行设计、施工的最好办法。如果按传统的项目模式进行，政府每个项目都要进行一个招标程序，几十个项目下来，它的实现周期会变得特别长，想尽快完成这些项目就很难快速有序推进。横街镇 EPC 项目到目前为止，已经做了三十多个项目。从 2017 年 8 月份到现在一年的时间，这三十多个项目主体工程基本上都已建成。要是按照以前传统模式进行，一个个项目来建设，那三十多个项目至少得三到五年才能实现，现在基本在一年内就实现了，高效率、低投入、成果显著、见效快。

横街镇改造建设采用 EPC 模式，最难之处是各个部门的工作协调。其中包括业主方、设计方、施工方、监理方，还有审计方、预算方等。对于参与的各个部门，每个部门我们都要去做好工作的对接，主要是信息的互通、项目的意图传达、进度的推进等。因为 EPC 具有设计跟踪性，它属于边设计、边跟踪、边审计、边施工。那么 EPC 最辛苦的就是设计作为的主牵头方。作为设计方，我们不仅要把所有部门协调好、衔接好，还要给业主（政府）一个反馈。因此我们还要及时做好工程日记以及会议纪要，让各部门各司其职，各负其责，防止各部门都牵扯不清，推诿拖拉。所以横街镇小城镇环境综合整治采用 EPC 模式最难的就是做好相关部门的对接，只有把各部门都衔接好了，基本上就成功一半了。

推动以设计为龙头的工程总承包对中国小城镇建设具有整体性优势。我们采用了小城镇创新 EPC 模式——对中国小城镇系统性的全方位设计。从中国目前大多数设计单位现状来看，规划院只做规划，景观园林院只做景观，建筑院只做建筑，施工方只做施工。很少有一个单位能将整体系统设计作为出发点，从规划设计开始着手，一直到施工图落地，全程跟踪进行。我们院对环境设计进行了全方位、系统性的实践，把七大系统，即规划、建筑、景观、室内、展示、标识以及设施融为一体。

横街镇小城镇 EPC 模式的实践正好就是这种系统性的一个完整呈现。小城镇本身就是一个完整系统，当中的交通路网、建筑、景观、城市家具等都是其中一个子系统。如果我们不从系统出发，把规划、景观、建筑、城市家具割裂开来，那么这个小城镇就没有亮点，也没有特色可言。如果小城镇中每一个子系统都围绕一个核心、一个主题开展，那么经过精心的设计，而且每一个都有自己的特色，就不会千篇一律。我们只有因地制宜，深入挖掘当地的风土人情，并把它融入设计中凸显出来，才能打造特色明显的中国小城镇人居环境。

赵倩
横街镇综合整治设计负责人
东华大学环境艺术设计研究院设计一部部长

综合整治
八大系统建设

- 城市家具设置
- 特色风格构建
- 建筑立面更新
- 街道环境改造
- 文化再生建设
- 滨河环境提升
- 景观节点打造
- 公共设施完善

横街镇标准化项目建设与综合环境整治工程

2017～2018年横街镇标准化项目建设目录

为进一步塑造横街镇特色小镇形象，提升乡容镇貌，加强对城乡环境整治的标准规范和技术指导，制定了以下7本导则：
1. 浙江省台州市路桥区横街镇道路合杆整治
2. 浙江省台州市路桥区横街镇（景观）环境整治建设导则
3. 浙江省台州市路桥区横街镇乡村公共厕所整治建设指南
4. 浙江省台州市横街镇（景观）环境整治施工导则
5. 浙江省台州市路桥区横街镇（建筑改造）环境整治施工导则
6. 浙江省台州市路桥区横街镇道路合杆整治技术导则
7. 浙江省台州市路桥区横街镇乡村垃圾处理整治建设指南

标准化对接是建设所需、人民所盼，让改造的重点、路径、次序、方法既与时俱进，又满足标准。实现了从"要我标准化"到"我要标准化"的转变，最终形成可快速复制、可推广的管理模式。标准化建设只有起点，没有终点。

序号	横街镇综合环境整治工程项目名称
1	菜场旧址新建工程
2	育才路改造提升工程
3	镇前路道路提升工程
4	新兴路北段道路提升工程
5	新建牌楼地标（新兴路）
6	横街镇组织党建系统标识标志咨询设计
7	镇办公楼建筑立面改造工程
8	镇政府室内改造工程
9	规划馆新建工程
10	镇政府景观环境改造工程
11	安宝广场细节改造工程
12	环山路道路提升改造工程
13	中心河精品河道建设
14	新横大道道路提升工程
15	绿田大道道路提升工程
16	中心河亮化工程
17	全镇内全域亮化工程
18	亿利达道路提升工程
19	横街镇国防教育系统标识标志咨询设计
20	沿河路道路提升工程
21	镇前路（新兴路至菜场）建筑立面改造工程
22	横街镇纪委廉政系统标识标志咨询设计
23	西入口牌坊新建工程
24	九龙工业小微企业园入口景观设计
25	中心河东延（绿田大道至厨士路）河道建设工程
26	沿河路建筑外立面改造
27	新兴路建筑立面改造
28	新兴路建筑立面改造新增2栋侧面
29	绿田大道北段道路提升工程
30	菜场旧址新建室内设计工程
31	镇政府食堂建筑立面改造工程
32	镇政府宿舍建筑立面改造工程
33	镇政府新办公楼建筑立面改造工程
34	镇政府食堂室内改造工程
35	镇政府宿舍楼室内改造工程
36	镇政府新办公楼四楼会议室工程
37	镇政府副楼厕所建筑立面改造
38	新便民服务中心室内设计
39	店招方案设计
40	中心河生态浮岛方案设计
41	横街镇宣传家风家训系统标识标志咨询设计

01 特色风格构建

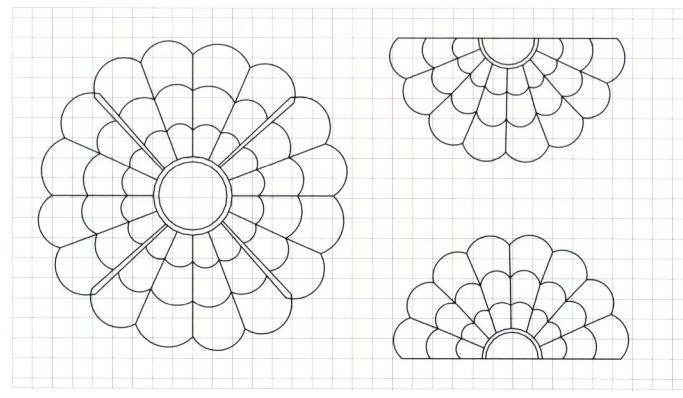
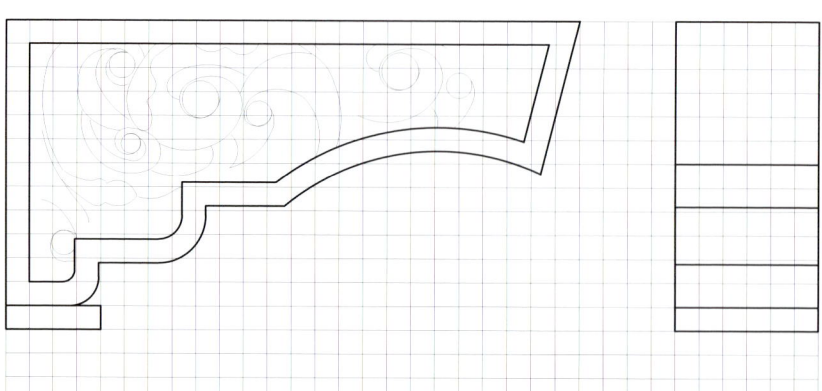

文化重塑 民国风情

文化是小镇立足的根基！横街镇只有挖掘文化，挖掘历史，把当地人文和历史融合才能更好地可持续发展。

经过对横街镇全域的多次考察，发现横街镇的建筑形式至今仍有许多民国建筑风格遗存。但是由于多为自建房，建筑本身存在着一些弊端。设计师在改造时，考虑留其精华，去其糟粕。将建筑外立面的形态因地制宜地加以改造。巧妙提取原有建筑形态中的拱券、中式坡屋顶、欧式护栏等民国建筑风格，同时融合了柱子、外廊等欧式建筑元素，使建筑群既有中国传统的中轴线主建筑的格局，又有逶迤弯曲的西式长廊。由于农民自建房的结构在年代的洗礼下，有着各种弊端，既需要一个稳固支撑起整个房屋的架构，又要保持与整个民国风格相吻合，综合考虑各种因素，为此设计师采用骑楼的形式，把结构与形式相统一。

另一方面横街镇采用民国建筑风格与中国抗日将领陈安宝也有很密切的关系。陈安宝是民国时期国民党的爱国将领，是抗日战争中国民党军队里牺牲的最高将军之一，他为中华民族文明的延续而英勇献身，他是中华民族的脊梁和灵魂。横街镇需要文化灵魂的滋养，而灵魂需要载体延续，因此把整个小镇的精神文化凝固在民国建筑风格中，聚焦时代风貌。

1、2. 民国风格图样
3~6. 民国建筑代表
7、8. 横街镇老街
9. 陈安宝故居

"民国风格",建筑学家称之为"洋风"。代表性的建筑有下关扬子饭店(今下关公安局)和记洋行(今南京肉联厂)建筑群。设计师挖掘横街镇的文化特色、历史特色,保留民国时期建筑风格的痕迹,研究民国时期建筑风格,发扬当地特色,最终定位为民国折衷主义建筑风格。

挖掘横街镇人文历史,融合地域风情,形成独特文化景观,为小镇提供不竭的可持续发展动力。

| 1 | 3 | 4 |
| 2 | 5 | 6 |

1、2.民国建筑立面图
5～6.民国建筑代表

02 建筑立面更新

横街镇的建筑外立面改造设计项目不仅是一个设计项目，而且是对既有建筑改造的研究，及寻求更有效更高速实施方法的探索。

我们设计团队在刚接到项目时没有觉得有多大的困难，但随着项目的进行，碰到了比较多的问题和外界条件的制约，比如所有的民用建筑是农民自建房，无任何图纸存档，所有尺寸需实地测量等。另外，考虑到当时镇政府资金预算的限制以及需要协调大部分住户的需求，于是，及时有效的沟通成为我们的主要设计工作之一。

首先，与镇政府决策层反复沟通探讨后，确定下来建筑改造的风格——民国折衷主义建筑风格。其次，通过镇政府与住户代表介绍设计理念和设计方案，使绝大多数住户居民对改造风格有了一定程度共识和理解。我们做出外立面改造方案后，再由镇政府组织公示沟通会议，再次同住户代表对确认方案达成共识和认同。

通过多阶段的沟通和交流，为我们下阶段设计工作以及后期施工实施，避免了不必要的沟通和协调时间，为工期的推进提供了有利条件。

1	7
2 3 4	8
5 6	

1~6. 立面效果图
7. 改造前照片
8. 立面详图

    建筑是城市的史书，记载了城市的文化和历史，承载了人们对过去的追忆，是社会、经济、文化发展的产物。随着社会的经济不断发展、物质需求的不断提高，人们对建筑的功能、外观需求变得越来越高。建筑外立面逐渐呈现出多样化，它不再是传统意义上的"一层皮"。作为连接和转换建筑内、外空间的媒介，在很大程度上都影响着建筑外观、空间功能以及城市界面。在建筑立面全寿命管理中，改造是很重要的一个部分，也是体现城市美学的重要媒介。

● 沿河路立面实景图

沿河路立面改造环境提升项目

　　沿河路建筑立面改造是根据《浙江省台州市路桥区横街镇（建筑改造）环境整治建设导则》立面改造要求，建筑外立面在尊重原建筑形式的基础上，尽量增加民国建筑装饰元素，对主干道单侧建筑进行立面局部改造的工程。改造范围是沿河路（绿田大道至影院路）建筑。沿河路（绿田大道至影院路）单线全长580米，立面改造面积5114平方米。改造内容包括建筑立面整治工程和骑楼加建工程。

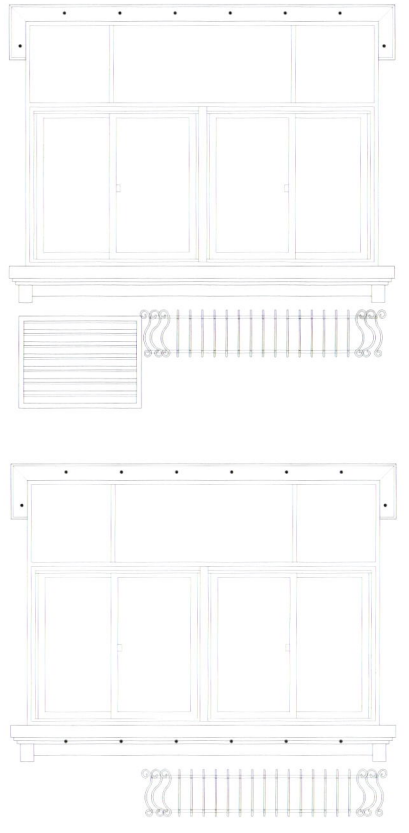

1. 沿河路立面改造前
2. 沿河路立面改造效果图

新兴路立面改造环境提升项目

根据立面改造要求，对主干道单侧建筑进行的立面局部改造工程，改造范围是新兴路（东方大道至白剑线）建筑。新兴路（东方大道至白剑线）单线全长940米，立面改造面积13458平方米。改造内容包括建筑立面整治工程和骑楼加建工程。

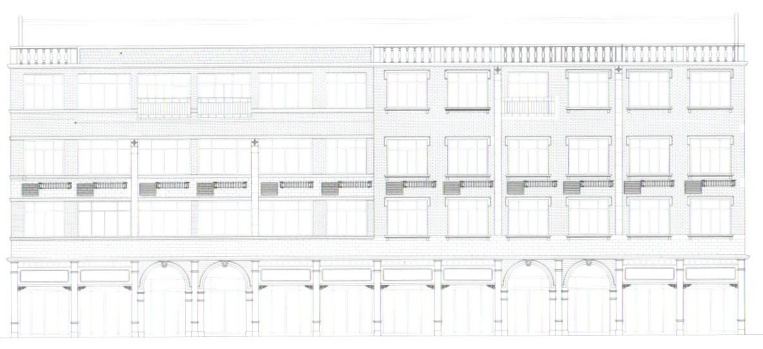

| 1 | 2 |

1. 新兴路实景照片
2. 新兴路改造前照片

1. 新兴路立面改造局部
2. 改造前
3. 改造后

镇政府办公环境改造提升项目

　　镇政府办公楼设计于1993年,建设于20世纪90年代中期,距今已约有20多年。其使用功能和周边环境急需改造。改造内容包括建筑立面整治、停车场扩容、室内改造与环境功能优化等。

　　设计定位是高效、便民、稳重、绿色。反映横街镇地方历史和文化特色,以改善政府办公楼外立面为主,解决和满足公共基础设施建设基本需求;立足以人为本,为镇政府改造工程及政府管理提出建设性建议;全面提升横街镇镇政府作为地标性建筑的整体形象。

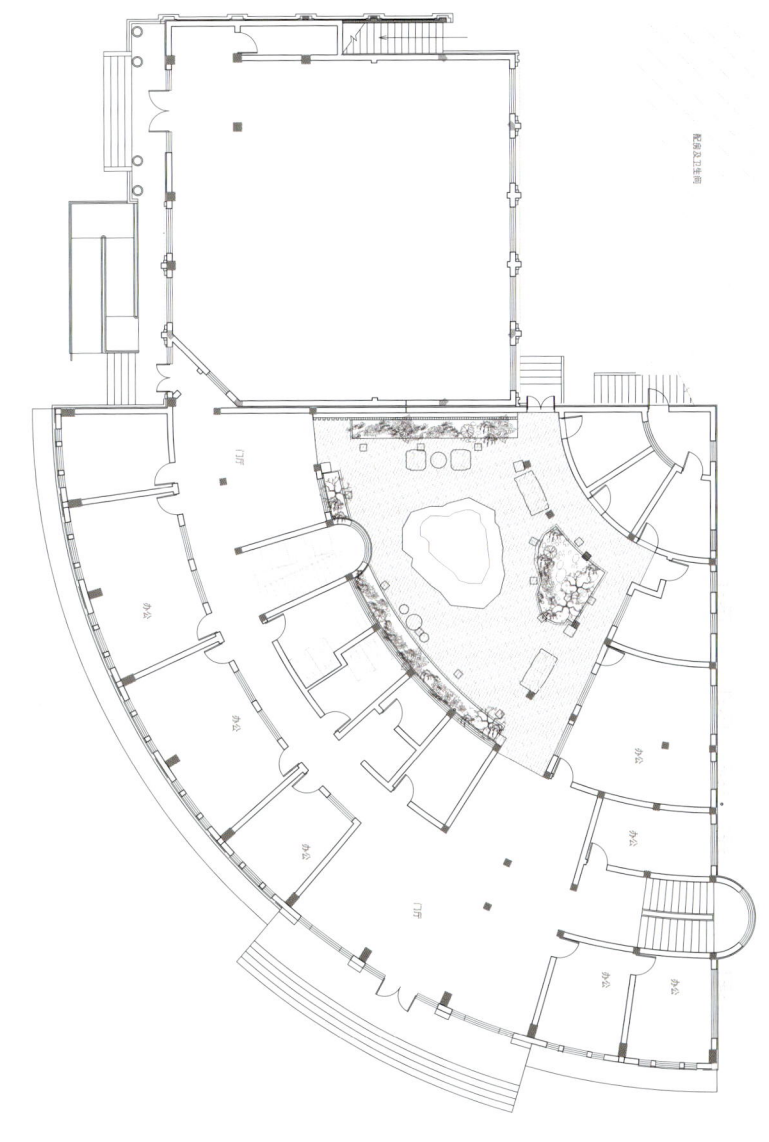

1	2

1. 横街镇镇政府实景
2. 镇政府顶层剖面图

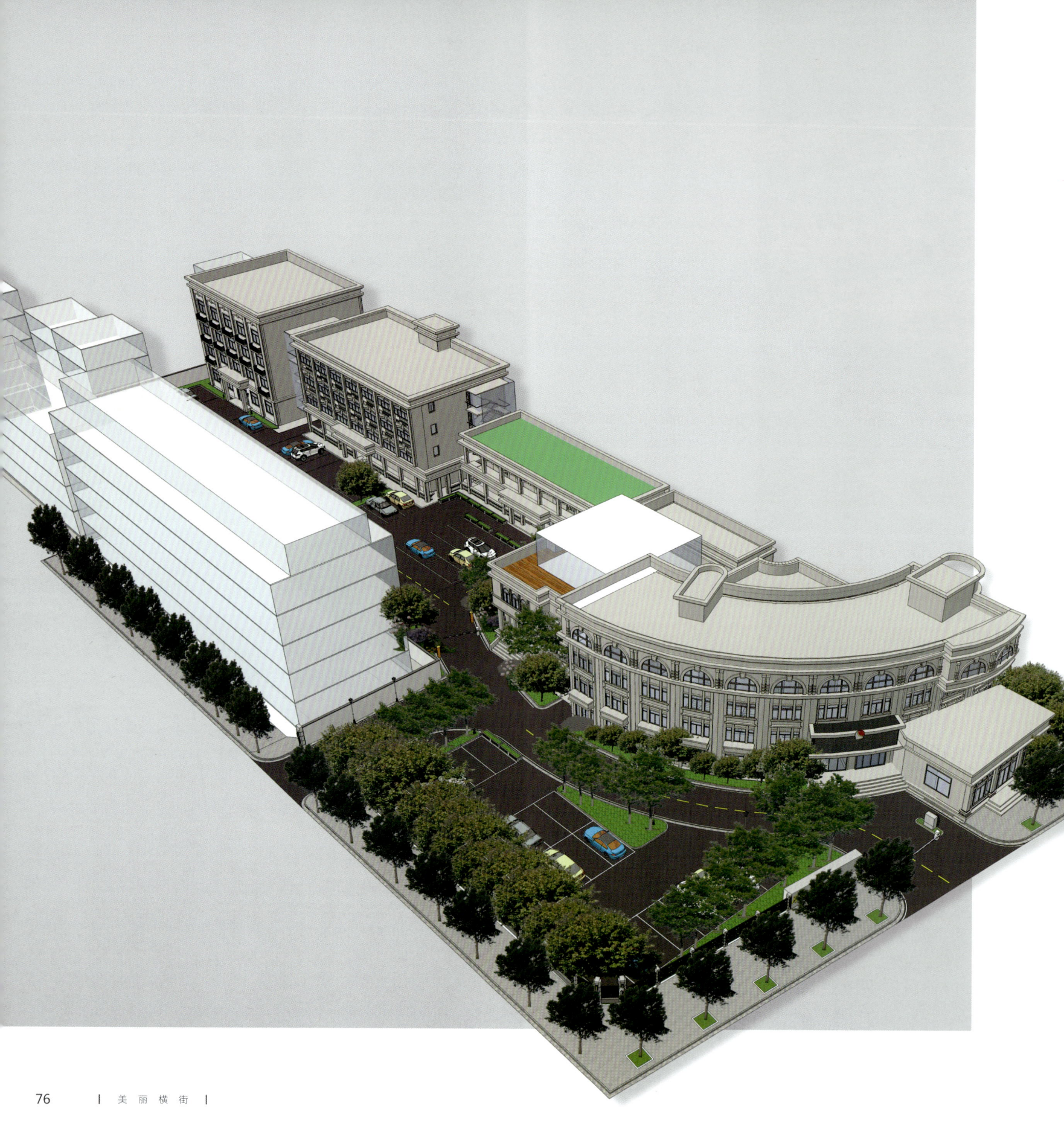

1. 轴侧效果图
2、3. 政府办公楼楼外立面实景照片
4~6. 政府办公楼内部改造实景照片
7. 外立面

03 街道环境改造

因地制宜的街道环境改造

因地制宜街道环境整治在特色小镇建设中具有很大意义。街道是构成小城镇空间的重要元素，城镇中的主要街道更是体现当地形象的重要名片。随着横街镇的经济发展，原有破败的街道已经无法满足人们对环境的要求。违规占道、乱停乱放、环境卫生等方面急需整治。

因地制宜是贯穿横街镇整体改造的一个核心思想。因地制宜就是在实际情况与理想状态中找到一个最佳的节点，再去其糟粕，留其精华。从整体上理顺环境关系，进行"微创整形"，横街镇整体环境与空间都要和谐统一，风格特色凸现，成为宜居、宜业、宜游之地。

| 1 | 2 |
| 3 | 4 |

1. 新兴路航拍图
2~4. 镇前路

横街不是街，而是一个镇，它因抗日名将陈安宝故里而得名天下。它是中国千万小城镇改造的佼佼者，过去的横街陈旧且缺乏特色，经过一场点石成金的改造后焕发新颜。

| 1 | 2 |

1、2. 育才路

04 文化地标建设

横街的"大门"

横街镇的两处牌楼设计不仅是传统的纪念性构筑物,而且是标志性和艺术性的结合体。在选址上:新兴路是进入横街镇的北面主干道,而新横大道作为西入横街镇的重要交通要道,因此我们将牌楼拟建在这两条路上,起到地界的作用。

在新兴路牌楼设计中,我们尊重牌楼的传统形式、传承牌楼的传统文化。选用了四柱三进式的传统构造形式;紧抓新兴路道路改造的契机,因地制宜地改进牌楼四柱三进式构造形式。不仅沿袭传统,又在科学合理的基础上再创作。

● 新兴路牌楼

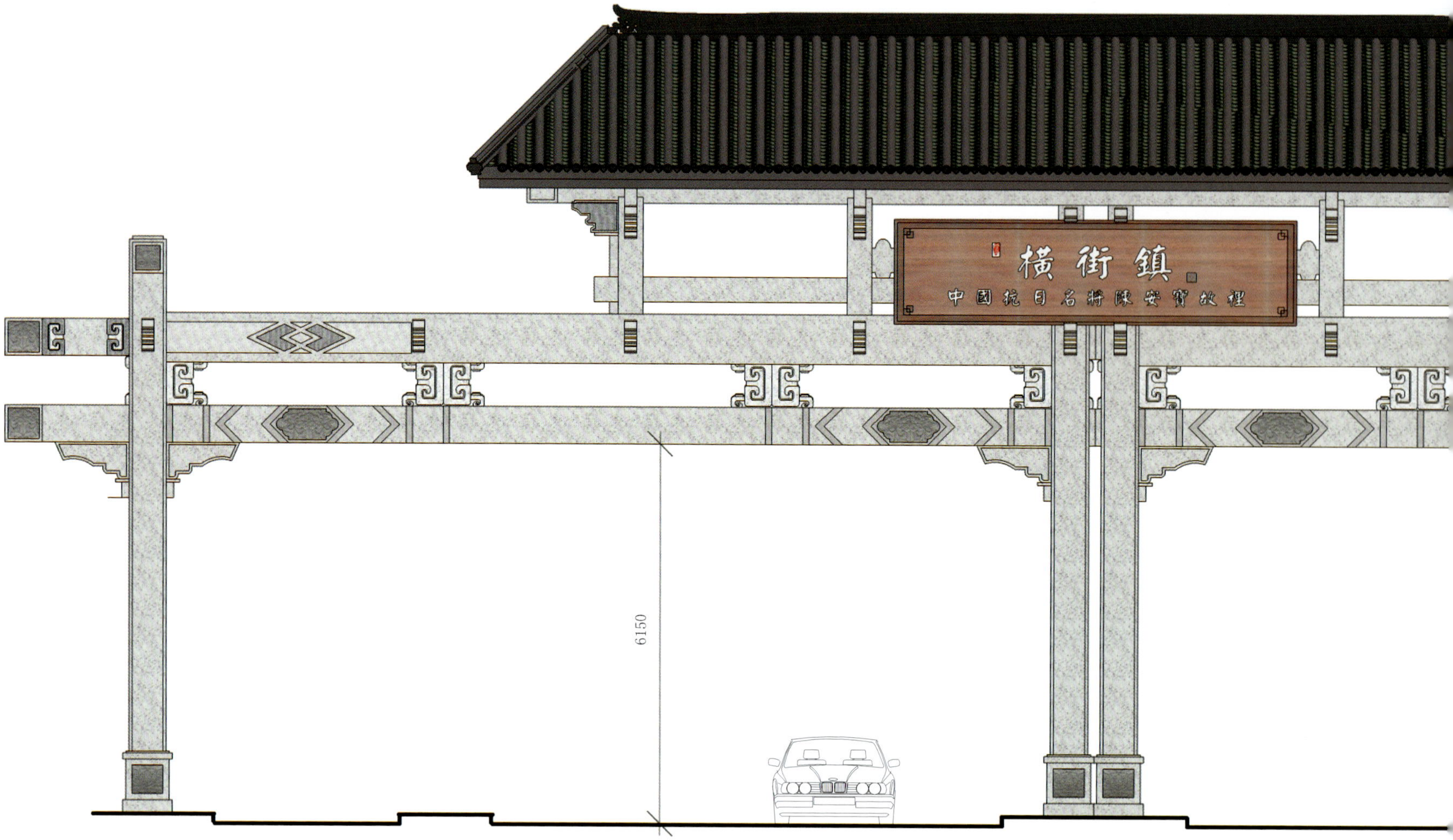

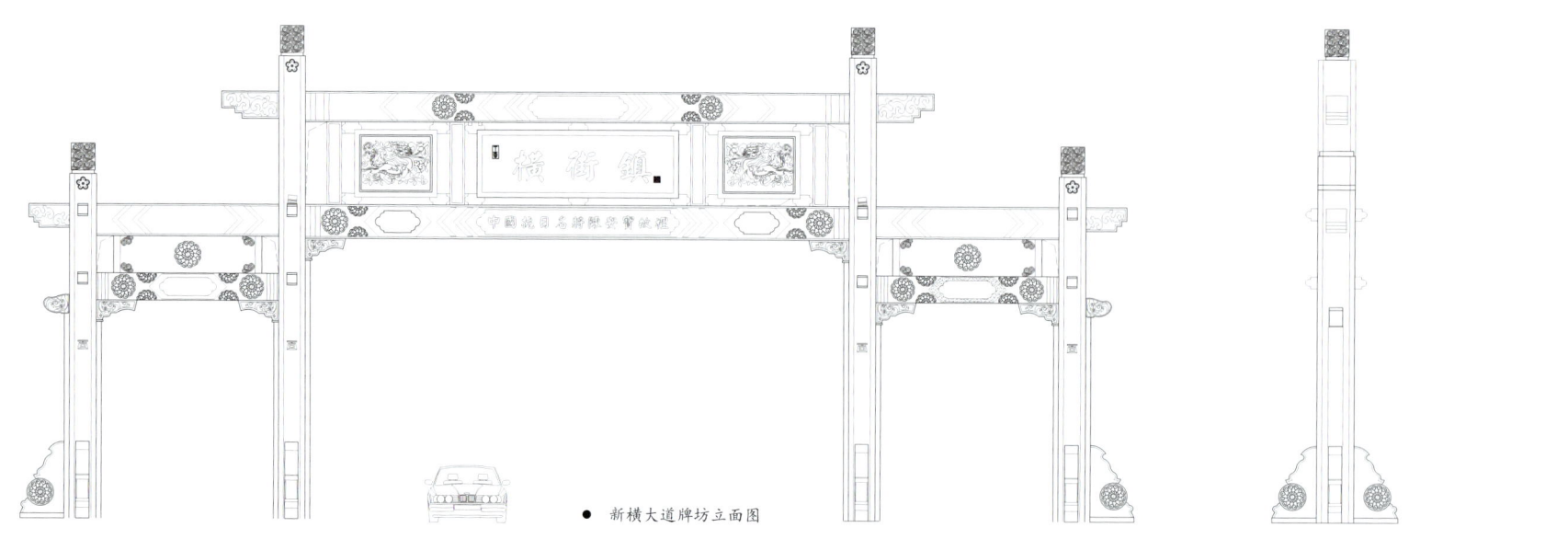

● 新横大道牌坊立面图

84 | 美丽横街

● 新兴路牌楼立面图

　　牌匾是整个牌楼的点睛之笔，采用中国牌匾的传统工艺制作而成，匾额的材质是整块花梨木木材制成。"横街镇"三个字，使用阴刻法手工雕刻而成，字体流利舒畅，浑然大气。

　　回纹是指以横竖折绕组成如同"回"字形的一种传统几何装饰纹样，因其构成形式回环反复，延绵不断，回纹在民间有"富贵不断头"的说法。根据其纹样的特性，人们赋予了回纹连绵不断、吉利永长的吉祥寓意。在横街的牌楼中象征着金色横街金光灿灿、长久不衰。构成四方连续纹样，一般都作主纹应用，盛行于春秋战国时期。

　　牌楼构建中选择了蟠螭纹、蟠螭纹的衍生图案以及中国非常传统的回纹图案和云雷纹图案，经过各种工艺制成，原先牌楼都是木质结构，现在为了保持牌楼的持久性选择使用了砖混结构的施工工艺。

　　从牌楼的结构上分，有两柱一间、四柱三间、六柱五间等多种样式。牌楼的间数和顶楼，绝大多数是单个的奇数，古代人认为：奇数为阳，偶数为阴。建造牌楼的间数当然也要单。而横街牌楼也选用了四柱三间的形式，单独的一间被合理缩放与交通规划设计在一起，不仅符合中国古代建筑阳气的说法，同时也符合当今现代的交通流线。

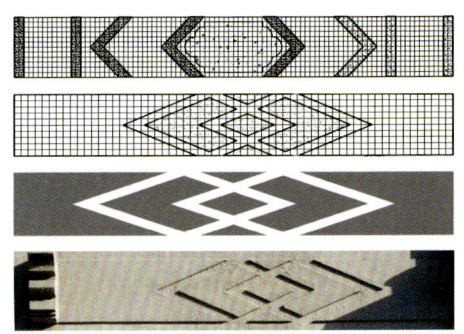

牌楼高13米，四柱三间式，柱间宽度29.2米。牌楼的细部设计，比如雀替、梁柱上的花纹式样等，充分体现了民国折衷式主义建筑风格，与横街镇的整体建筑改造风格遥相呼应。牌楼结构形式上选用了穿梁式结构形式，整体结构更稳固，而且更具气势和力度。让牌楼的标志作用和艺术价值充分体现，同时对交通进行合理分流，也为提升横街镇的印象和知名度而服务。

整个牌楼的建设资金由横街镇企业和乡贤捐款，牌楼的建设拉开了横街镇区域改造的"序幕"。

1	2	
	3456	

1. 横街镇牌楼夜景
2. 横街镇牌楼正面
3~6. 牌楼改造前

05 滨河环境整治

中心河横跨整个横街镇,与台州水系相连接,中心河对于横街镇有着非凡意义,中心河就是横街镇母亲河。

改造前横街镇中心河污染尤其严重,整体缺乏治理。主要现状问题有以下四个问题:安全问题、通畅问题、便民问题、卫生问题。安全问题是最大的问题,护栏老化、开放的阶梯码头利用率低、完全丧失亲水功能,并且缺少安全措施。此外,码头阻断河道滨水步道的通畅性,使用时候必须绕行市政道路借用机动车道,影响车辆通行。我们调研中多次与周边居民沟通交流,感受到他们对滨水休闲娱乐空间的迫切需求。

我们的设计理念是以人为本，生态环保，致力改善当地百姓生活环境。

以人为本是我们设计的根本出发点，针对百姓的游憩需求，我们以健康绿道为主线串联两岸空间，增设公共服务设施，提高百姓生活舒适性与便捷性。重新布局中心河旁交通线路，双向通行变成单向，重新划分了人行道、非机动机动车、机动车道。改造后和改造前对比是显而易见的，改造前中心河两岸无人问津，改造后我们去实际现场调查发现，在河道两岸活动的老百姓增多了，有散步的、钓鱼的、闲谈的等。此外，我们在材料选用上，首选当地材料；在设计上考虑生态环保的要求，尽量使用透水、生态材料。

河道公共设施的整体风格延续了外立面改造的民国建筑风格。最明显的是护栏，我们提取了民国元素，例如拱圈、柱头、立柱等样式，应用到护栏造型上。建成后，造型得到当地老百姓的一致认可，与横街镇整体民国建筑风格融合。中心河环境整体提升改造，使中心河成为横街的一张名片，百姓茶余饭后的好去处。虽然最初的想法跟最后的落地有些许差别，有许多待完善的地方，但是总体呈现的效果还是很好的，增加了居民休闲娱乐的空间，实实在在是为民服务。

1	2		
	3	4	
		5	
		6	

1. 改造前中心河两岸旧貌
2. 中心河航拍实景图
3. 中心河效果图
4~6. 中心河两岸实景图

	1. 沿河步道
1 2 3 4	2. 沿河护栏
	3. 护栏正视图
	4. 护栏顶视图

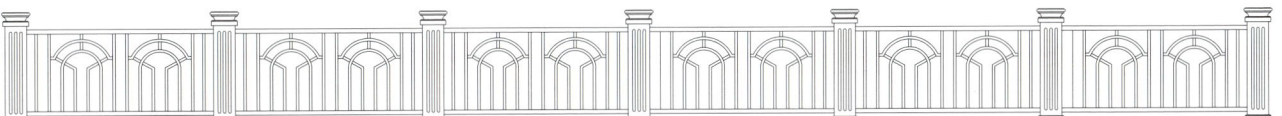

06 景观节点打造

1. 改造前安宝广场旧貌
2. 改造后的安宝广场

安宝广场环境改造提升项目

安宝广场位于浙江省台州市路桥区横街镇，于 2003 年建成，占地约 2.38 万平方米，是镇中心市民活动、休闲、娱乐为一体的绿地广场。广场呈四边形，四面环路，场地西侧为新兴路，地块长约 150 米，北侧为育才路，地块长约 170 米。

"安宝广场"为纪念抗日爱国将领陈安宝先生诞生 110 周年而建。2016 年对安宝广场进行全面的改造提升。对入口环境、广场空间、健身跑道、智能生态公厕、儿童活动健身区、亮化照明、标识系统等几大重塑，以"全民、健康、活力、趣味、阳光、生态"为全新的设计定位，打造宜居的、舒适的生活休闲空间。

　　安宝广场设计基本思想是将广场元素进行整合重塑，增绿扩容，增设健身路径，重新硬化场地。把安宝广场打造成绿色生态、运动健康、阳光活力、惠民亲民的横街镇休闲娱乐中心。

　　以人为本。比如将使用空间和广场道路整合，改造后的广场使用面积相比原来增加了60%以上，现在百姓早晚都能在广场里面的环状跑道锻炼，中心区成为悠闲的娱乐重要场所。

　　其次，安宝广场原来用围墙、绿篱隔离，目的是阻断人的破坏行为，现在改造成开放广场，这里面融入了环境育人、环境造人的设计思想。最显著的是把人行道路和其使用行为融为一体，找到最佳的节点，使用本身就很方便，人的行为也就更文明了。现在老百姓进入广场没有出现抄近道、自行车乱停等不良行为，因为我们的设计既方便了群众，又让他们置身于美丽、便捷的环境中，就会自觉维护美的环境，从而实现环境育人、环境造人。

　　整个建设的过程，本着因地制宜的设计思想。改造前的所有树木基本保留。此外，多余的树移栽也还是移栽安宝广场内，这样减少硬件的投入。

　　传统设计一般广场和道路的边缘增加路牙，而安宝广场硬质铺装地面基本都是平的，比道路略微低一点，凡是人行的路面基本上是在一个平面，中间没有台阶，不设置路牙，实现了生态循环。一旦下雨，雨水很快下渗到土壤里。这看上去是一个很普通的细节，它恰恰是个非常先进的理念。"海绵"生态设计思想贯穿整个安宝广场改造。

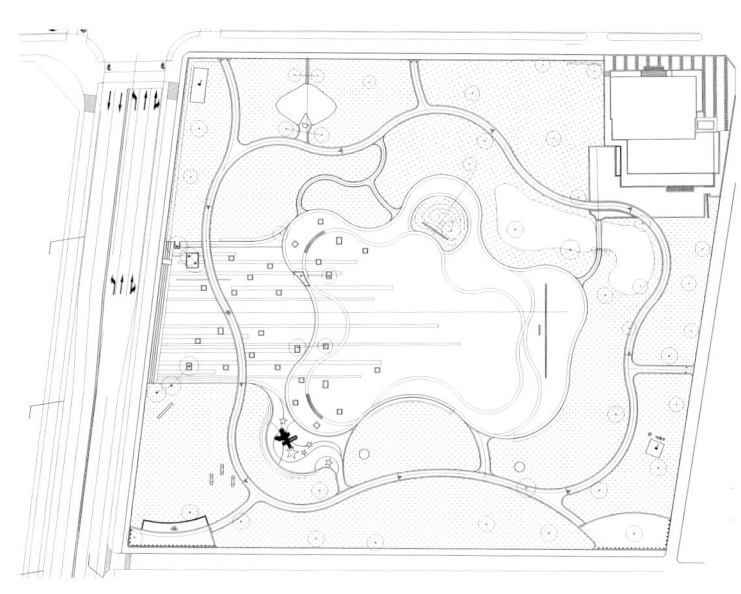

1、2.安宝广场步道
3.安宝广场平面图

1. 儿童乐园航拍实景图
2. 儿童乐园
3. 广场全貌航拍实景图
4. 健身步道

07 公共设施完善

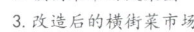

1. 横街菜市场旧貌
2. 横街菜市场效果图
3. 改造后的横街菜市场

原有菜市场位于镇前路与影院路交叉口，周边商业发达、人流集中，车辆交通聚集。因历史原因，存在周边环境较差，交通混杂，停车位不足等各种问题。原有菜市场建筑为钢结构简易建筑，从建筑物、道路交通、市政设施、室内环境、周边景观、文化内涵、市场管理等几方面同时入手。使菜市场地块整体得到大的改观，提升镇中心区的整体形象，方便周边居民、商户等的生产生活需求。

结合菜市场建筑物用拆除违建、新市场采用立体设计模式。底层为农贸市场，屋顶为公共停车场，节约了建筑用地，在改善市场内部环境的同时，也为周边企事业单位、居民提供了停车场地并有效地改善了周边的交通状况。

对新建市场室内进行现代化改造，增设了冷库、配电室、公共卫生间、垃圾房等设施。对进出市场的出入口进行了人货分流。增加了货运出入口、水产品出入口等，对室内水电设施、排水排污设施、灯光照明、广告位等进行重新规划设计。大大提升了购物体验，并增加了精品摊位，丰富了货品种类，使之成为一个现代化的综合市场。

对建筑、设施等硬件设施进行提升。对周边景观、绿化、小品等进行提升。对沿河路栏杆、人行道等进行整治。

建筑立面延续镇整体民国风格，体现建筑的文化内涵。通过对菜市场节点的综合整治，使镇中心区整体面貌大大改善，成为横街的一个亮点。

创新乡贤文化，助力乡村振兴——安宝广场智能公厕

　　培育富有地方特色和时代精神的新乡贤文化，积极引导发挥新乡贤在乡村振兴中的积极作用。

1~7.安宝广场智能公厕

乡贤 + 公益

在 2017 年上半年，横街镇乡贤代表欧路莎卫浴企业董事长林华友，结合省级小城镇环境综合整治样板镇创建，主动提出在安宝广场出资建造智能公厕，率先开展公厕革命，专门成立"智能马桶公厕革命"公益行动小组，把使用方法等传授给负责公厕保洁的环卫工人。横街镇入镇牌楼也由乡贤捐款建造。这个智能公厕，不但配备了残疾人、妇婴专用卫生间，而且公厕还配备有热水和烘干设备。与常见的封装式公厕不同，上云村公厕的正中间位置种植了一株高大的银杏树，通透的设计让公厕内没有一丝异味。欧路莎是专注于智能卫浴研产销的科技型自主品牌企业，获得"中国驰名商标"、"中国十大卫浴品牌"、"卫浴品牌企业十强"等百余项殊荣。乡村的产业发展为乡村带来了人才、为乡村提供了更多的就业机会，推动了乡村的振兴发展。

08 城市家具设置

　　为了积极响应台州市路桥区党政、廉政、国防教育以及家风家训宣传的示范建设，更好地发挥省级样板镇的示范作用。在横街镇镇区范围内，将已改造完成的主体工程，安宝广场、新兴路、沿河路、中心河慢行道等作为主要宣传场地。从党政、廉政、国防教育以及家风家训这四个方面着手，力求做到文明城市建设示范镇。

　　城市家具建设根据改造后的横街镇现状，从现有的建筑与城市家具中提取色彩，提取具有代表性的民国风元素，以深灰色作为主色调，中国红作为点缀色，在材质上选用镀锌钢材与钢化玻璃，既能沉着稳重得达到示范宣传作用，也能够体现城市家具现代化风格。

1~5. 主题公园

在设计过程中，与政府部门各负责部门的政府人员紧密沟通协调，结合现场实际情况，商定标识方案设计的尺寸、类别、数量，在设置布点上，经过不断的实地考察，统筹规划，合理分配四大系统的宣传示范区域，严格按照城市家具布点原则进行布置。在宣传内容上，与政府的宣传理念紧密结合，以求达到最优标识系统的宣传与示范性作用。

习近平总书记在《之江新语》中指出："我们的祖先曾创造了无与伦比的文化，而'和合'文化正是这其中的精髓之一"。横街镇将紧紧围绕"和合"的目标，夯实基层党建基础，提升党建工作水平，逐步开启横街党建"班子和"、"村企和"、"特色和"的"和合党建"模式。横街镇依托镇党建工作三年规划，打好"一镇一品、一村一特"党建品牌，将原有示范区基础上，依托新建"一街一广场一中心"（党建一条街、党建广场、镇党群服务中心）和新增的2村1企业示范点，打造横街镇"和合党建"、"H"形党建示范带，形成红色映像党建示范新格局。

1~3. 党建历程主题艺术墙

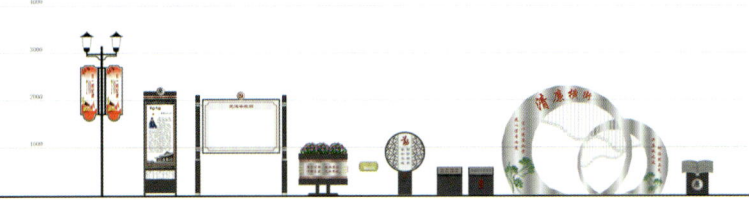

第三篇

Chapter Three

Rural Renaissance

乡村振兴篇

横街镇正在朝着乡村振兴方向大步迈进,在环境振兴方面,通过对城镇环境的整治,环境更加优美宜人;在文化振兴方面,不断挖掘小镇历史人文特色,同时横街镇目前建成多个农村文化礼堂,实现了农村书屋和文化广场建设全覆盖。文艺巡演、专题讲座、全民健身等丰富多彩的活动频繁上演,让村民足不出户享受体育文化带来的身心愉悦体验。

立足"三一一",全面开展乡村振兴

"三一一"行动的目的是响应国家乡村振兴号召,改进各区域内环境、突出与完善各村镇优势、真正地做到推动新农村建设;更好地完善市场体系、美化地域环境、提高地域竞争力,充分发挥政府与市场的优势,更有效地推进小城镇经济、文化、环境的健康有序的发展。

"一村一品"就是立足当地资源优势、自然和人文背景优势,面向市场,通过生产适销对路的产品来促进当地经济的发展。"一村一景"指的是每个村都有自己的风景,避免千城一面的现代中小城镇的现状,保护与构建当地优质独特风景。"一村一特"指的是各村努力走出一条既有本村特色、又可借鉴推广的发展新路,打造新的产业布局,为其他村做带头示范作用。

细节见品质,优美的环境更吸引百姓,这使得安宝广场成为小镇居民热爱的休闲文化娱乐场所。

横街镇朝着乡村振兴方向大步迈进,通过对城镇环境的整治,小镇的历史人文特色不断被挖掘出来,逐渐被美化的环境与中心广场成为人们津津乐道的话题。

1. 规划效果图

1	3
	2
	4
	5

1～5. 九龙花海

2017年，横街镇被评为小城镇环境综合整治省级样板镇、年度浙江省美丽乡村示范乡镇、小城镇环境综合治理浙江榜样。人民安居乐业才是魅力的源泉，一个"宜居、创新、生态、智慧、海绵"的魅力城镇正向我们走来。

第四篇

Chapter Four

Mainly Industry

主体产业篇

一个貌不惊人的小镇，隐藏了多少知名企业。这里是一个铸名牌创外汇，拥有上市公司，产品能够远销全球的工业强镇。改革开放后，横街有了哪些翻天覆地的变化，随着经济与产业的发展，今天的横街镇蓄而勃发，正以稳健的步伐、全新的目标迈进智能化、生态化、标准化的明天。

横街经济的缘起

横街镇工业经济比较发达,形成了以机电机械、灯饰灯具、印刷包装、卫生洁具为主的四大支柱产业。虽然地域面积仅占全区的5.4%,镇上企业只有34家,但工业产值达36.18亿元,占全区总产值的6.5%。拥有上市公司1家(亿利达),全区新三板制造业上市公司1家(大农实业)。

2017年,实现固定资产投资7.84亿元,同比增长12.9%;财政总收入3.87亿元,其中地方性财政收入1.98亿元,分别增长2.3%和16.04%。2018年第一季度,镇地方财政收入达14302万元,同比增长89.51%,工业性投资16413万元,同比增长64.1%。

1. 传统印刷
2. 油印机
3. 丝网印刷
4. 小方箱印刷机
5. 8开单色印刷机

横街印刷起源

横街镇的经济从印刷产业起家,改革开放40年来,不但小城镇建设发生了翻天覆地的变化。经济产业结构也有了很大的转变。从一个个小型的手动印刷机到今天的印刷产业园,横街镇的产业获得了巨大的进步和发展。

横街的印刷业起源于1976年,当时由李仙宣等十来人每人投资200～400元入股组建成立黄岩县横街印刷包装厂。当时厂址租在民房,没有任何设备,人工操作,以染红、绿纸谋生。后向上海人民机器厂购入民国二十四年(1935年)制造的脚踏手工印刷机一台,以印刷中、小学学生的各种写字本为主,其业务供不应求。而后再向温州、富阳印刷厂购入几台二手机。

回顾当时,除黄岩、海门、路桥等国营印刷厂外,黄岩县横街印刷包装厂是本县唯一一家乡镇级集体企业。20世纪80年代,《浙江经济生活报》及21世纪初《台州日报》都曾派记者前来该厂采访报道。

2002 年 —— 横街印刷工业园

　　目前横街镇建有国内一流的印刷工业园,占地百亩,据不完全统计,印刷和印前、印后附带产值破 10 亿,从一个个小型的手动印刷机到今天的印刷产业园,横街镇的印刷产业获得了巨大的进步和发展。

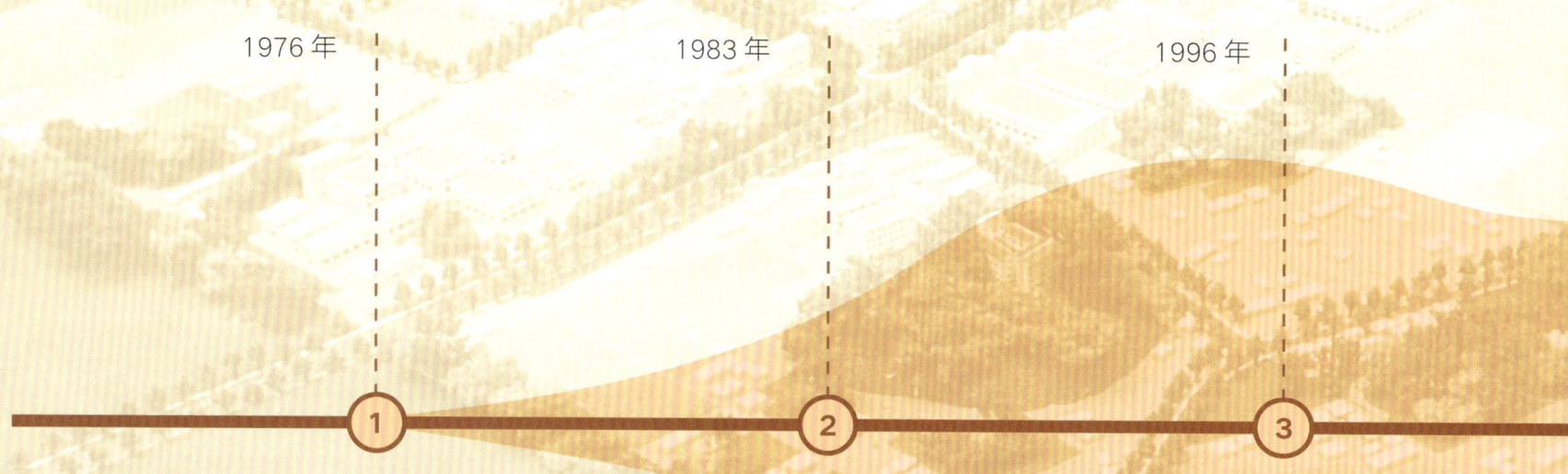

1976 年　　　　　　　1983 年　　　　　　　1996 年

① 横街的印刷业起源于 1976 年,当时由李仙宣等十来人每人投资 200～400 元入股组建成黄岩县横街印刷包装厂。

② 20 世纪 70 年代初到 80 年代末,改革开放初期,横街的个体私营业主开始从事饭菜票、简单表格簿册印刷,主要以铅印、筛网印为主。设备简陋,属于"你带我、我带你"的纯家庭作坊模式。

③ 20 世纪 80 年代末至 2000 年初,现代的平板印刷技术被引进到了横街镇,并逐步成为当地印刷业的主流技术。

1997年　　　　　　　　2000年　　　　　　　　2010年

④　　　　　　　　　　⑤　　　　　　　　　　⑥

2000~2010年,印刷业主紧跟发展趋势,陆续引进国际领先水平的高档进口多色印刷机,进一步提升了产品质量和层次。

2000年,不断壮大规模的横街印刷业,为形成产业集群,新建了横街印刷产业集聚区,占地120亩,共投资9000余万元,目前共容纳印刷企业50余家。拥有德国高宝6色、5色等一大批国际领先的印刷设备。

2010年以后,随着信息科技和数码科技的引入,虽受到一定冲击,但仍具有良好的发展前景。横街印刷业从手工式的家庭作坊到先进设备的领先印刷,这是一种跨越式的发展,是一种紧跟时代的工业文明的进步。

浙江文武 —— 软包装彩印有限公司

| 1 | 2 |

1、2.浙江文武软包装彩印有限公司

　　浙江文武软包装彩印有限公司成立于1999年，已经拥有20多年的产品研发、设计、印刷、制袋先进的技术经验。公司主要产品有衣物真空压缩袋、产品真空包装袋保温袋、折叠水壶、折叠塑料花瓶、食品包装袋、家居日用品外包装袋等，其中公司旗下两个品牌"藏乐"和佳悦系列真空压缩袋深受市场好评，得到广大消费者的认可。已经形成了从研发、印刷、制袋、包装、成品的全产业链规模，产品性价比具备深层次的竞争优势。拥有专业的技术研发团队、专业的设计人员、强大的生产能力，可为客户提供ODM和OEM等合作模式。公司始终坚持互惠互利、质量第一、客户至上的原则，真诚与海内商界朋友建立长久商业合作关系，携手共进，共创辉煌。

	2
1	3 4
	5 6

1~6.成品展示

目前，文武商超渠道已经覆盖沃尔玛、家乐福、优衣库、欧尚、世纪华联、乐购等国际性优质的商超系统，文武系列产品畅销全国，并出口日本、韩国、美欧、德国、法国、意大利、俄罗斯等二十多个国家和地区，尤其是在欧洲市场取得了不错的销售业绩，获得了良好的口碑。

欧路莎卫浴

欧路莎卫浴始创于1998年，是一家专注于智能卫浴研产销的科技型自主品牌企业，是中国最早从事整体卫浴智能化打造的品牌。

2015年，欧路莎与意大利知名工业设计师、红点奖获得者NLO大师合作，以其国际化的眼光，结合本土需求特点，先后推出了一系列全新形态的新产品，打破了中国市场上产品同质化、结构复杂的常见现象，以创新的产品设计荣获2016年国际红点设计大奖。

领先全球的发展理念

欧路莎坚信只有好的产品才能真正推动品牌的发展,为此不断地增加在产品研发上的投入,与同济大学等知名院校合作、与日韩等国相关科研机构合作、与国际设计大师合作等。同时,还投入重金建设自有研发队伍和研发中心。2011年在无锡注册成立国内首家智能马桶电子机芯开发公司,专项攻关智能马桶的技术突破。

自2005年推出第一代智能马桶,到目前欧路莎已经开发到了第六代。独有的模块化集成机芯技术、智能环境识别技术、活水即热科技、空气动能技术、自动化控制技术以及大数据云计算、APP、远程操控等互联网技术应用,在业内均处于领先地位。

欧路莎继续以务实的态度着力于智能卫浴大方向,将智能马桶和他的产业更好地发展下去,全心致力于中国智能卫浴大众普及的推动者、引领者,为实现"全球智能卫浴第一品牌"的企业愿景而不懈努力!

product design

reddot design award

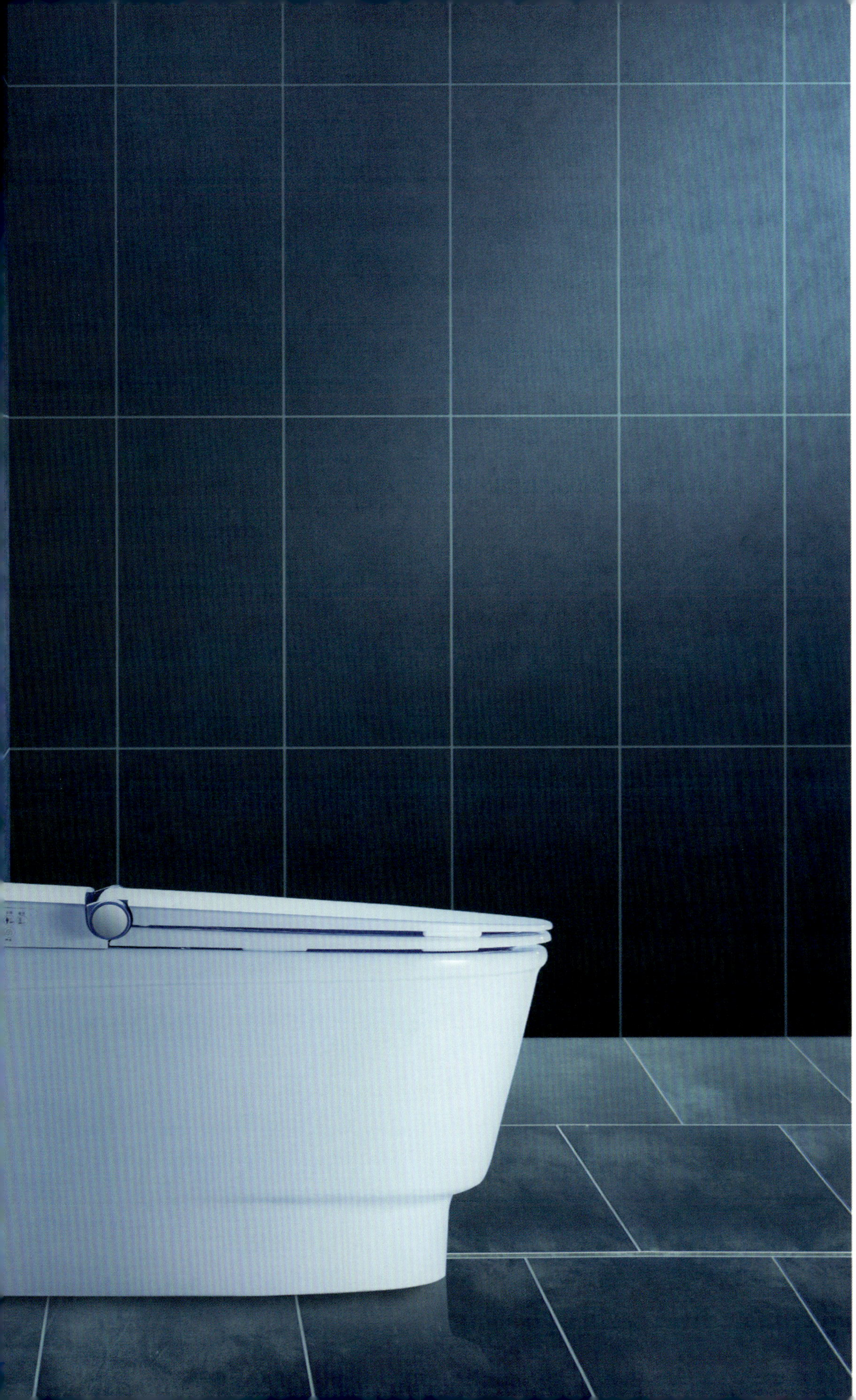

2015年,欧路莎与意大利知名工业设计师、红点奖获得者NLO大师合作,以其国际化的眼光、结合本土需求特点,先后推出了一系列全新形态的新产品,打破了中国市场上产品同质化、结构复杂的常见现象,以创新的产品设计荣获2016年国际红点设计大奖。

从传统的休闲卫浴按摩浴缸、蒸汽房到目前正在流行的智能马桶，乃至未来的智能浴室柜、整体智能卫浴空间等，随着信息和互联网科技的进步，各种智能产品正悄然改变着我们的生活。

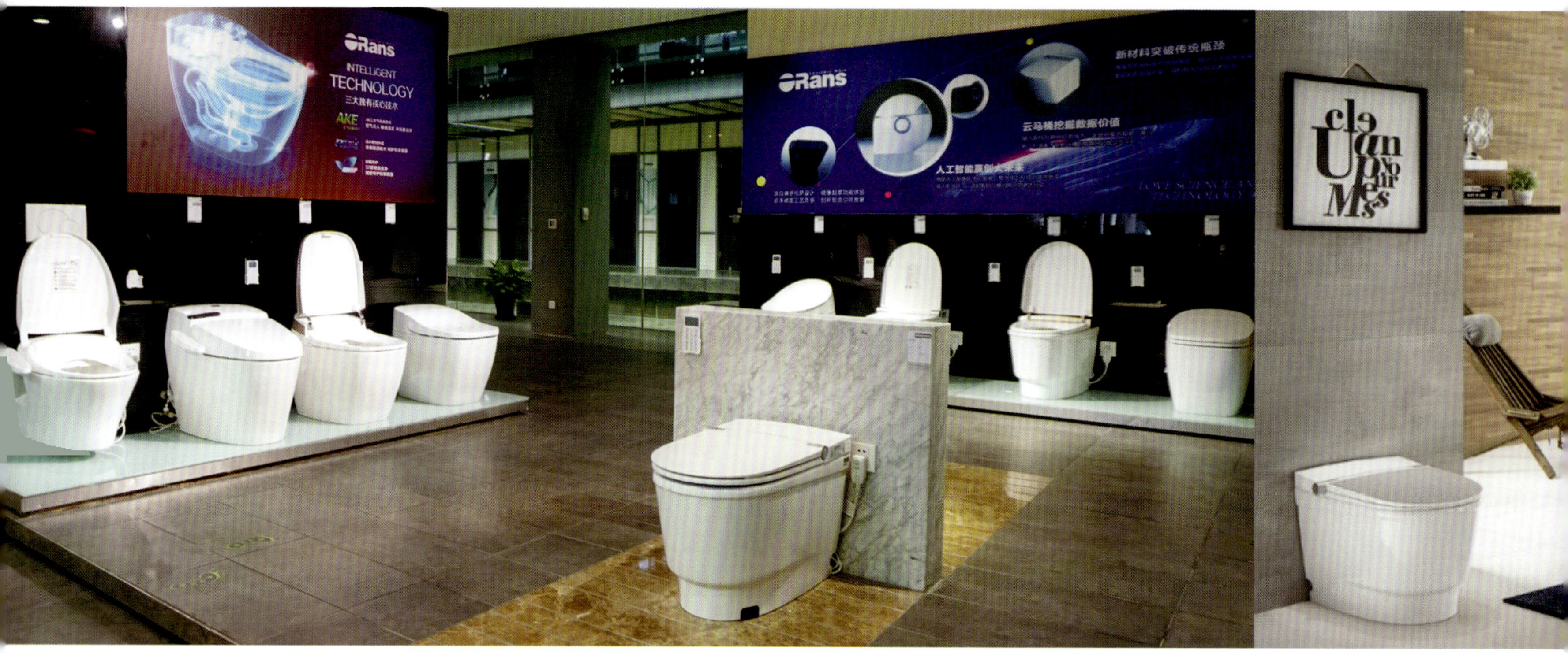

欧路莎卫浴始创于1998年，是一家专注于智能卫浴研产销的科技型自主品牌企业，是中国最早从事整体卫浴智能化打造的品牌，先后成为按摩浴缸、桑拿房、淋浴房、智能坐便器行业标准的起草制定单位，获得中国驰名商标"十大卫浴品牌"、"卫浴品牌企业十强"等百余项殊荣，拥有各种产品专利200余项，全国销售网点700余家，出口120多个国家。与红星美凯龙、居然之家、喜盈门等国内一线商场形成战略合作，出口百余国家，并逐步实现品牌的国际自主化。按摩浴缸、桑拿房、淋浴房、智能坐便器行业标准的起草制定单位，获得中国驰名商标"十大卫浴品牌"、"卫浴品牌企业十强"等百余项殊荣。

智能马桶便是其中革命性的产品，欧路莎自2005年推出第一代智能马桶，到目前已经开发到了第六代。独有的模块化集成机芯技术、智能环境识别技术、活水空气能即热技术、自动化控制技术以及大数据云计算、APP、远程操控等互联网技术应用，在业内均处于领先地位。而苛求细节的精益求精及注重整体智能卫浴解决方案的理念，更加体现欧路莎在追求智能卫浴、改变家居生活道路上孜孜不倦的努力。智能化同样不能缺少艺术化，欧路莎以国际前瞻的目光致力于艺术化卫浴的打造中。欧路莎实践并见证了中国智能卫浴行业的发展，是最早进入这个行业的标志性品牌之一。

"林布斯"的「工匠精神」

1	2	3
		4

1～3. 欧路莎卫浴产品展示
4. 欧路莎董事长林华友

林华友因其是一个产品科班出身的老板，被大家称为"林布斯"。Nilo是一位从业30余年意大利籍国际知名设计师，一次偶然的相遇，林钦佩大师的工业设计造诣，Nilo敬重林董的执着和匠心。一段跨国的默契合作就此开始，三年来大师为欧路莎产品注入了新活力、升华了高度，林董从大师和他的团队切身感受和学习了国际化的产品理念和创意灵感！

绿田机械股份有限公司

　　绿田机械股份有限公司创立于2002年6月,公司专业从事通用动力机械产品及高压清洗机的研发、设计、生产和销售。公司现已拥有员工1200多人,资产达69亿元人民币,销售网络覆盖欧洲、美洲、东南亚、中东、非洲等100多个国家、地区,并不断扩张。

　　公司自创办以来,坚持以科技创新为核心的可持续发展观,依托先进的经营理念,通过精益的管理和前瞻性技术的研发,致力于提供优质的产品和专业的服务。未来,公司将向着更为精密化、专业化、信息化的方向继续努力,逐步成为国内最具竞争力的通用动力机械产品、高压清洗机研发生产基地和国际知名制造商,致力将"Lutian"发展为全球知名品牌。

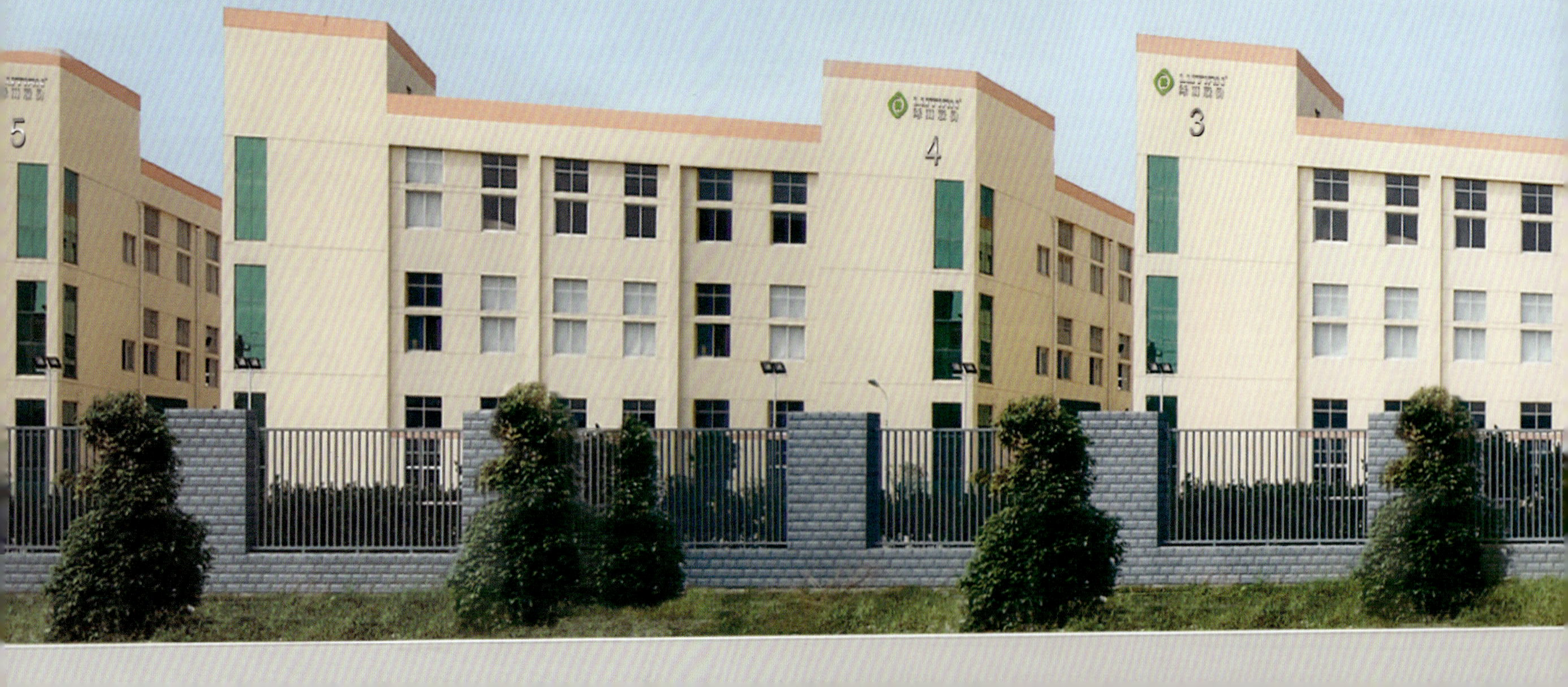

拥有美国HASS加工中心、日本津上加工中心、多轴组合加工专机等全自动加工设备，达500台套；充分调动员工的积极性，高效协作，严格规范每个环节，精益求精，以独到的匠心和精湛的技艺铸造臻品。

　　积极推进"机器换人"，提升对制造过程的精准化、一致性控制，同时引进先进的自动化生产设备、生产流水线、检测设备等，结合信息化技术，加快"两化融合"，从而提高生产效益，提升信息化水平。

　　积极推进自主创新，顺应节能环保的市场需求，以低耗效、超耐用、低噪音为技术方向，经过高投入的研发和长期的项目实践，依托专业试验室、先进检测设备，与精益的生产工艺相结合，为新产品的品质、性能提供强有力的保障。公司目前已拥有自主知识产权专利技术近200项，其中发明专利7项。

1	2
	3
	4

1~4. 绿田机械自动化生产线

检测中心设有数十个试验室，包括性能试验室、排放试验室、耐久试验室、高低温试验室、防水试验室、温升试验室、冷热水交替试验室、电机试验室、综合试验室等。拥有日本 HORIBA、德国 SPECTRO、美国 Hexagon 等高端仪器设备，各类仪器设备 200 余台套且总价值超过 3000 万元，同时配备了一批高素质高技能的专业工作人员。

绿田股份检测中心由内燃机试验室和清洗机试验室组成是为配合公司相关产品设计、过程设计、验证及 PLT 一致性控制的需求而组建的国际化水平试验室，各项条件完全符合包含北美及欧盟在内的国际市场对于产品检测的要求，主要涉及排放标准检测、安规测试、性能测试、耐久测试等方面，包括但不限于美国 EPA、CARB、国 II、GS、CE、CSA、CB。

公司坚持绿色制造、人性化制造，并持续加大节能、环保方面的投入。一方面通过精益制造、作业环境改善等措施，结合自动化、信息化升级，降低员工的作业强度、提高员工工作舒适度；另一方面，通过全面提升公司的制造水平和能力，打造一个高起点、高标准、全球行业领先的智能化制造基地。

第五篇

Chapter Five

Expectation

展望

展望未来,横街人斗志激昂,人才济济,荟萃一堂。明天的横街,扬鞭催马,再铸辉煌。通过全域规划的小城镇建设,工业生产带动经济的迅猛发展,这里必将成为浙江省最具吸引力的特色小镇,雄心志四海,万里望风尘,横街镇正以全新的面貌实现着智造强国梦。必将以一个高品质的形象,一个生态人文古镇、美丽乡村名镇的形象,屹立在东海之畔,展现出浙江最美滨海小镇的风采。

改造为民 同心协力

设计师以审美为笔在横街的建筑上书写着艺术的美感与创意，小镇散发出新生的活力。城建人员以汗水浇筑着横街的一砖一瓦，用心搭建起与百姓沟通的桥梁。

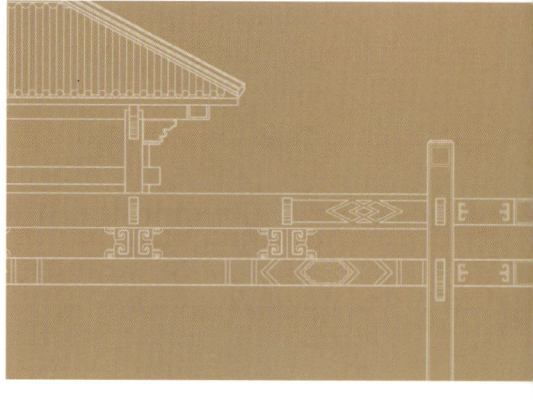

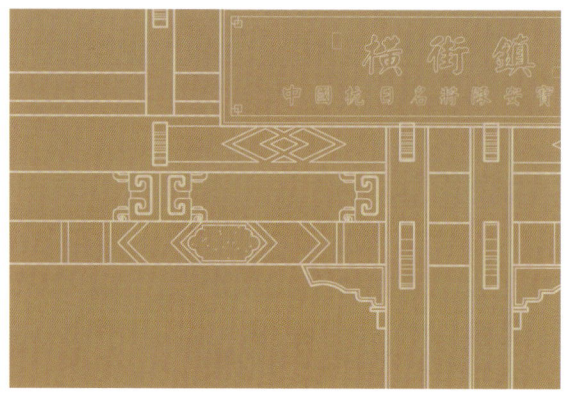

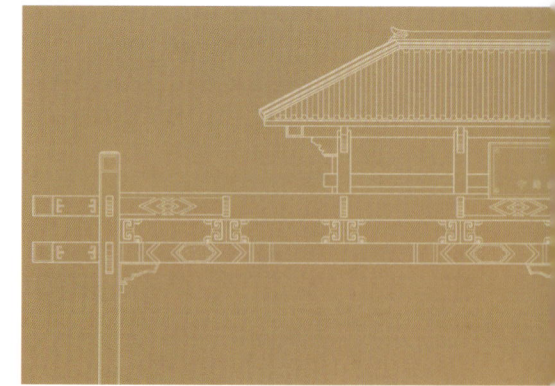

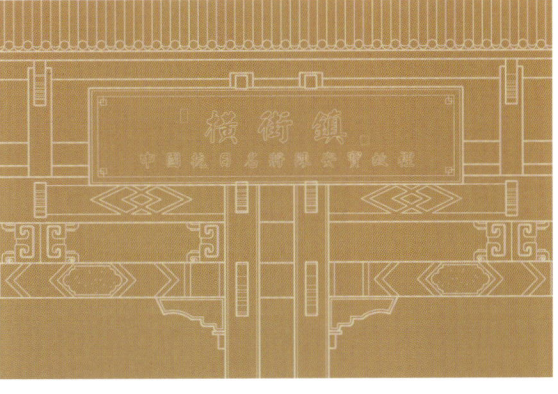

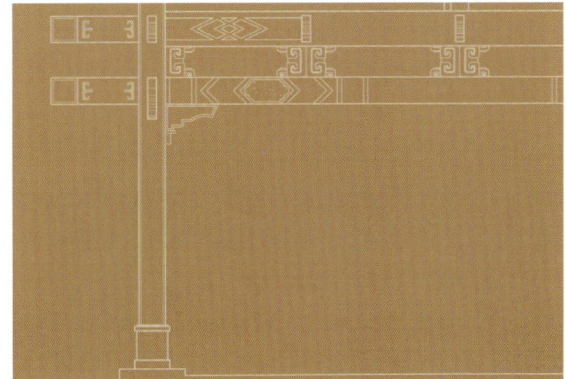

乡贤公益 助力横街

乡贤助推乡风文明 焕发美丽小镇新活力

从 2017 年开始在横街镇镇委镇政府的领导下，乡贤助力，百姓支持，同心协力，为乡村振兴共同努力。其中横街镇的美丽改造离不开乡贤们的殷切关怀。为提升优化整个横街镇镇区的环境以及镇区形象，该镇 9 名乡贤集资 190 万元建立入镇口牌楼，成为该镇的新地标。

在安宝广场上，一块大型 LED 电子显示屏正在滚动播放公益广告，而筹建这块电子显示屏的 30 万元资金均来自该镇 7 位乡贤。安宝广场上有一个五星级智能公厕，这是乡贤代表、欧路莎卫浴公司董事长林华友专门成立"智能马桶公厕革命"公益行动小组建设的，大大地改观了广场上的公共服务设施。

在横街，乡贤的作用已经充分彰显在产业发展、乡风文明、基层治理等各个方面，给这个正在美丽蝶变的风情小镇带来了无穷的生机与活力。横街镇主持党委全面工作的主要负责人王琪说："乡贤是家乡的守望者和乡土精英，乡村振兴呼唤乡贤，希望更多的贤人志士回到家乡参与新农村建设，为乡村振兴添翼助力"。

牌楼简介

横街镇是浙江省历史文化名镇，经济重镇，"印刷之乡"，中国人民抗日名将陈安宝将军故里。为提升优化整个横街镇镇区的环境以及镇区形象，展现横街镇的精神面貌，体现横街镇人民对中国人民抗日战争中作出的伟大贡献，在新兴路上建设横街镇入口牌楼。

牌楼采用穿梁式结构和民国建筑风格结合现代元素，气势磅礴，结构稳固。牌楼由著名环境设计大家鲍诗度教授设计，建设基金由横街镇个人和企业捐赠。

牌楼高：13米；长：30米；宽：5.2米
开　　工：2016年11月18日
竣　　工：2017年4月18日

捐款名录如下：
　个人：陈心泉，洛增国
　企业：绿田机械股份有限公司
　　　　欧路莎股份有限公司
　　　　浙江大晨贸易股份有限公司
　　　　台州真建灯饰有限公司　　浙江铭匠科技有限公司
　　　　台州智伦机电有限公司　　浙江新三友环保工程技术有限公司

建设：横街镇人民政府
设计：东华大学环境艺术设计研究院

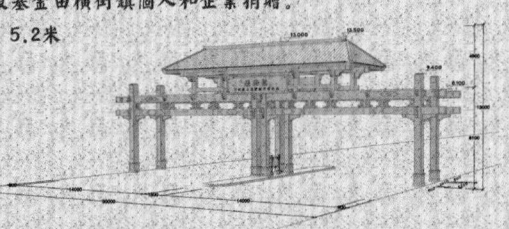

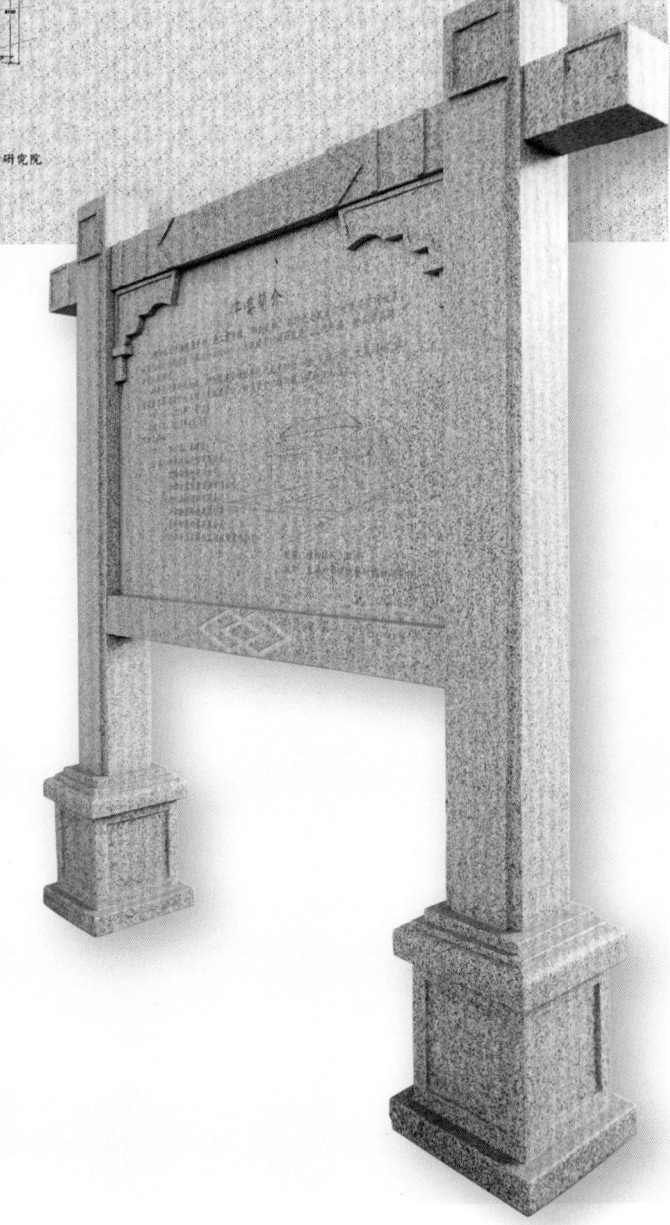

乡贤代表

罗晓明，1960年生，是地地道道的路桥人。他说"横街镇的小城镇建设看在眼中，喜在心中。当初要改造，没有想到会有那么大的影响力，改造完了我们生意也好了，我们家住在这十几二十年，现在环境好了我们也开心。"

美丽横街 幸福生活

前记

2018年8月,新兴路沿河路边。对往来的百姓进行了实地采访,希望从他们口中了解更多横街镇环境改造所带来的改变。

路桥横街镇居民陈女士带着外孙女在中心河沿河绿道上散步晒太阳。她说:"这条自家门前的绿道建起来后,周边环境越来越好,幸福感得到了很大的提升,生活品质提高了很多。"

陈先生在新兴路上开了一家药店,他目睹了小城镇环境综合整治给这条道路带来的变化。他说,以前由于没有专门的停车位,导致顾客要把车停在很远的地方。"现在专门画出了停车位,有的路口还安装了红绿灯,道路交通井然有序,停车更加方便了,生意也明显变好了。"随着集镇面貌整体的改善,旁边开的商铺也越来越多,来消费的人也多了起来,新兴路成了人气比较旺的街道。

"以前我很担心,这么多电线缠在一起,一旦发生火灾,后果不堪设想,如今我再也不用担心发生这样的事了。"看到家门口的各种电线被套管后,峰江街道玉浮路的戴先生感慨地说。

"现在一旦发现街上脏乱差、道路损坏、占道经营等情况,可以马上打电话给街(路)长了。"看到这一条条街道都有了各自的"主人",金清镇的张师傅表示,他们也会加入街道的管理中,一旦发现情况,及时跟街(路)长进行汇报。

路桥城区居民陈女士听说横街新开了好几家美食店,就约了朋友一起到横街吃饭。给她印象比较深刻的是,停车位被划分得很整齐,很少有乱停车的现象。

新兴路已完成道路及线路改造。在该路段经营了10多年服装店的商户张先生十分满意,他说:"整治后的房屋立面整洁了,整条街就像个景点,客流量明显增加。"

因为商户生意好,从而带动房屋租金成倍增长,横街居民乐开了花。为此,邻街的居民看着漂亮的街区和改造后带来的经济效益早已"心动不已",纷纷主动要求改造。

规划在手 未来更美好

　　改革开放 40 年，横街镇人民政府紧抓小城镇建设的历史机遇。坚持因地制宜建设特色小镇，在经济稳步发展的条件下，以时不我待的历史使命感和勇于开拓的气魄推动小镇快速发展。

后记

2015年11月一天我接到欧路莎董事长林华友先生的电话，请我为横街镇进行总体环境设计。镇政府一直想将镇区生活环境进行整治，由于环境脏乱差程度高，量小，工程专业涉及面广复杂，无从下手，苦于找不到高手来处理此事，希望我来帮帮忙，他也愿意为他的企业所在地横街镇的老百姓出力。中国乡镇一级的人居环境普遍存在与人们美好生活需求希望存在较大差距的问题，整治工作一般比较难做，旧账太多，处置起来涉及面广，难度系数大，真正做出在发展上有远见、老百姓满意、有特色、有文化的人居生活美好环境实在难。特别是在发展高度，建设认知、经费投入是绕不过去的三大现实问题。

带着朋友的情意，我就从福建出差路过台州。一到温岭高铁站，林华友董事长、横街镇党委书记项云明开车把我接到横街镇。对横街镇进行了一番考察调研之后，一发不可收拾，三年时间我连续来到横街镇100多次，从最初的项目试点到项目全面推广建设，中间经历了无数次的困难、困境、疑难杂症等，通过解释、沟通、协调，一一得以征服，最终成果基本实现。在这一过程中，与镇政府领导集体沟通顺畅、相互信任、工作目标一致是分不开的。

是什么力量吸引我连续来横街镇现场100多次？有三点：一是与党委书记项云明同志多次接触感到，有这种想干事、会干事、敢干事、干成事的基层领头人，实在太少，应该支持一把。我在地方上做过事，深知在基层能够有这样的人实在难得；二是横街镇抗日名将陈安宝的血性男儿事迹感染了我。中华民族五千多年文明能够在世界文明史上唯一能够延续下来，就是有这样一批为国家、为民族，不顾个人安危的民族脊梁在支撑着。今天，我们人民生活富裕起来了，正在向小康社会迈进，我们不能忘记那些为国家，为民族生死存亡而抛头颅洒热血的英烈们，应该把它的历史痕迹留下，把这种精神发扬光大，不断教育我们的子孙；三是横街镇的人居环境脏、乱、差现状，是中国千千万万的乡镇当今现实状况的代表，改变它就是最好的实际操作案例。浙江省在经济发展走在全国的前列，现在有条件改变现状需求，由于发展不平衡，其他地方暂时做不到，但是全国迟早都是要进行环境改造提升以适应新时代人们美好生活的需要，美丽乡镇、美好生活环境建设是大势所趋，中国今后一段时间乡镇人居生活环境整治是个主题，做好横街镇，找出规律，做出示范，为今后其他地方建设提供参考。

在这三年中，横街镇共进行了40个环境综合整治建设项目。工程项目复杂，与一般建设项目不同，不是新建而是改造，而且很多工程项目没有图纸，没有历史资料，疑难杂症多，历史旧账多，项目体量小，种类多，问题杂，涉及建筑、室内、景观、标志、市政等多个建设工程专业，传统方式已无法应对。与横街镇党委和镇政府沟通统一思想，以系统设计和制定标准来统筹横街镇的项目建设。以系统设计为统筹，用标准规范来引领，达到规范化施工与管理，基本实现了改造美好生活环境愿望。

实现乡镇环境综合整治建设，单个专业时代已经过去，多专业、多领域、多职能、多管理的综合协调、管理、系统处置是核心，而首当其中的人才是关键。

鲍诗度
2019年1月于东华大学

图书在版编目（CIP）数据

美丽横街 / 鲍诗度等著. -- 北京：中国建筑工业出版社，2019.2
ISBN 978-7-112-23274-1

Ⅰ.①美… Ⅱ.①鲍… Ⅲ.①小城镇 - 概况 - 宁波 Ⅳ.①K925.55

中国版本图书馆CIP数据核字(2019)第026577号

责任编辑：唐　旭　　李东禧　　孙　硕
书籍设计：凌怡亮
排版助理：梁鑫鑫　　吴晓青　　李晓翠
责任校对：王　烨

美丽横街

鲍诗度　杨敏　宋树德　赵倩　著
＊
中国建筑工业出版社出版、发行 (北京海淀三里河路9号)
各地新华书店、建筑书店经销
上海盛通时代印刷有限公司印刷
＊
开本：787×1092 毫米　1/12　印张：12　字数：266千字
2019年3月第一版　2019年3月第一次印刷
定价：138.00元
ISBN 978-7-112-23274-1
　　　　(33576)

版权所有　翻印必究
如有印装质量问题，可寄本社退换
（邮政编码 100037）